Émile Coué

La Maîtrise de soi-même par l'autosuggestion consciente

essai

ISBN : 978-1515190677

10 9 8 7 6 5 4 3 2 1

Émile Coué

La Maîtrise de soi-même par l'autosuggestion consciente

essai

Table de Matières

AVANT-PROPOS

MESDAMES, MESSIEURS,

La suggestion ou plutôt l'autosuggestion est un sujet tout à fait nouveau, en même temps qu'il est aussi vieux que le monde.

Il est nouveau en ce sens que, jusqu'à présent, il a été mal étudié et, par conséquent, mal connu; il est ancien parce qu'il date de l'apparition de l'homme sur la terre. En effet, l'autosuggestion est un instrument que nous possédons en naissant et cet instrument, ou mieux cette force, est doué d'une puissance inouïe, incalculable, qui, suivant les circonstances, produit les meilleurs ou les plus mauvais effets. La connaissance de cette force est utile à chacun de nous, mais elle est plus particulièrement indispensable aux médecins, aux magistrats, aux avocats, aux éducateurs de la jeunesse.

Lorsqu'on sait la mettre en pratique d'une façon *consciente,* on évite d'abord de provoquer chez les autres des autosuggestions mauvaises dont les conséquences peuvent être désastreuses, et ensuite l'on en provoque *consciemment* de bonnes qui ramènent la santé physique chez les malades, la santé morale chez les névrosés, les dévoyés, victimes inconscientes d'autosuggestions antérieures, et aiguillent dans la bonne voie des esprits qui avaient tendance à s'engager dans la mauvaise.

L'ÊTRE CONSCIENT ET L'ÊTRE INCONSCIENT

Pour bien comprendre les phénomènes de la suggestion, ou pour parler plus justement, de l'autosuggestion, il est nécessaire de savoir qu'il existe en nous deux individus absolument distincts l'un de l'autre. Tous deux sont intelligents; mais, tandis que l'un est conscient, l'autre est inconscient. C'est la raison pour laquelle son existence passe généralement inaperçue.

Et cependant cette existence est facile à constater, pour peu qu'on se donne la peine d'examiner certains phénomènes et qu'on veuille bien y réfléchir quelques instants. En voici des exemples :

Tout le monde connaît le somnambulisme, tout le monde sait qu'un somnambule se lève la nuit, *sans être éveillé,* qu'il sort de sa chambre après s'être habillé ou non, qu'il descend des escaliers, traverse des corridors et que, après avoir exécuté certains actes ou accompli certain travail, il revient à sa chambre, se recouche, et montre le lendemain le plus grand étonnement en trouvant terminé un travail qu'il avait laissé inachevé la veille.

Cependant c'est lui qui l'a fait, bien qu'il n'en sache rien. À quelle force son corps a-t-il obéi, si ce n'est à une force inconsciente, à son être inconscient ?

Considérons maintenant, si vous le voulez bien, le cas trop fréquent, hélas ! d'un alcoolique atteint de *delirium tremens*. Comme pris d'un accès de démence, il s'empare d'une arme quelconque, couteau, marteau, hachette, et frappe, frappe furieusement ceux qui ont le malheur d'être dans son voisinage. Quand, l'accès terminé, l'homme recouvre ses sens, il contemple avec horreur la scène de carnage qui s'offre à sa vue, ignorant que c'est lui-même qui en est l'auteur. Ici encore, n'est-ce pas l'inconscient qui a conduit ce malheureux ?[1]

Si nous comparons l'être conscient à l'être inconscient, nous constatons que, tandis que le conscient est doué souvent d'une mémoire très infidèle, l'inconscient, au contraire, est pourvu d'une mémoire merveilleuse, impeccable, qui enregistre, à notre insu, les moindres événements, les moindres faits de notre existence. De plus, il est crédule et accepte, sans raisonner, ce qu'on lui dit. Et, comme c'est lui qui préside au fonctionnement de tous nos organes par l'intermédiaire du cerveau, il se produit ce fait, qui vous semble plutôt paradoxal, que s'il croit que tel ou tel organe fonctionne bien ou mal, que nous ressentons telle ou telle impression, cet organe, en effet, fonctionne bien ou mal, ou bien nous ressentons telle ou telle impression.

Non seulement l'inconscient préside aux fonctions de notre organisme, mais il préside aussi à l'accomplissement de *toutes nos actions, quelles qu'elles soient.*

C'est lui que nous appelons imagination et qui, contrairement à ce qui est admis, nous fait *toujours* agir, même et *surtout* contre *notre volonté,* lorsqu'il y a antagonisme entre ces deux forces.

1 Et que de phobies dans la masse, à des degrés divers, parfois presque imperceptibles; quels maux nous nous créons ! tous !! et dans tous les domaines, en ne prenant pas « immédiatement » le contre-pied de nos « mauvaises autosuggestions inconscientes » par de « bonnes autosuggestions conscientes » réalisant la disparition de toute souffrance injustifiée.

VOLONTÉ ET IMAGINATION

Si nous ouvrons un dictionnaire et que nous cherchions le sens du mot volonté, nous trouverons cette définition : « Faculté de se déterminer librement à certains actes ». Nous accepterons cette définition comme vraie, inattaquable. Or, rien nest plus faux, et cette volonté, que nous revendiquons si fièrement, *cède* toujours le pas à l'imagination. C'est une règle *absolue,* qui ne souffre aucune *exception.*

Blasphème! paradoxe! vous écrierez-vous. Nullement. Vérité, pure vérité, vous répondrai-je.

Et pour vous en convaincre, ouvrez les yeux, regardez autour de vous, et sachez comprendre ce que vous voyez. Vous vous rendrez compte alors que ce que je vous dis nest pas une théorie en l'air, enfantée par un cerveau malade, mais la simple expression de ce qui *est.*

Supposons que nous placions sur le sol une planche de 10 mètres de long sur 0 m. 25 de large, il est évident que tout le monde sera capable d'aller d'un bout à l'autre de cette planche sans mettre le pied à côté. Changeons les conditions de l'expérience et supposons cette planche placée à la hauteur des tours d'une cathédrale, quelle est donc la personne qui sera capable de s'avancer, seulement d'un mètre, sur cet étroit chemin ? Est-ce vous qui m'écoutez ? Non, sans doute. Vous n'auriez pas fait deux pas que vous vous mettriez à trembler et que, *malgré tous vos efforts de volonté,* vous tomberiez infailliblement sur le sol.

Pourquoi donc ne tomberez-vous pas si la planche est à terre et pourquoi tomberez-vous si elle est élevée ? Tout simplement parce que, dans le premier cas, vous vous *imaginez* qu'il vous est facile d'aller jusqu'au bout de cette planche, tandis que, dans le second, vous vous imaginez que vous ne le *pouvez pas.*

Remarquez que vous avez beau *vouloir* avancer : si vous vous *imaginez* que vous ne le *pouvez* pas, vous êtes dans l'impossibilité *absolue* de le faire.

Si des couvreurs, des charpentiers, sont capables d'accomplir cette action, c'est qu'ils s'imaginent qu'ils le peuvent.

Le vertige n'a pas d'autre cause que l'image que nous nous faisons que nous allons tomber; cette image se transforme immédiatement en acte, *malgré tous nos efforts de volonté,* d'autant plus vite même que ces efforts sont plus violents.

Considérons une personne atteinte d'insomnie. Si elle ne fait pas d'efforts pour dormir, elle restera tranquille dans son lit. Si, au contraire, elle *veut* dormir, plus elle fait d'efforts, plus elle est agitée.

N'avez-vous pas remarqué que plus vous voulez trouver le nom d'une personne que vous croyez avoir oublié, plus il vous fuit, jusqu'au moment où substituant dans votre esprit l'idée « ça va revenir » à l'idée « j'ai oublié » le nom vous revient tout seul, sans le moindre effort ?

Que ceux qui font de la bicyclette se rappellent leurs débuts. Ils étaient sur la route, se cramponnant à leur guidon, dans la crainte de tomber. Tout à coup, apercevant au milieu du chemin un simple petit caillou ou un cheval, ils cherchaient à éviter l'obstacle, plus droit ils se dirigeaient sur lui.

À qui n'est-il pas arrivé d'avoir le fou rire, c'est-à-dire un rire qui éclatait d'autant plus violemment que l'on faisait plus d'efforts pour le retenir ?

Que était l'état d'esprit de chacun dans ces différentes circonstances ? Je *veux* ne pas tomber, mais je *ne peux pas* m'en empêcher; je *veux* dormir, mais je *ne peux pas*; je *veux* trouver le nom de Madame *Chose,* mais je *ne peux pas*; je *veux* éviter l'obstacle, mais je *ne peux pas*; je *veux* contenir mon *rire,* mais je *ne peux pas*.

Comme on le voit, dans chacun de ces conflits, c'est toujours *l'imagination* qui l'emporte sur la *volonté,* sans aucune exception.

Dans le même ordre d'idées, ne voyons-nous pas qu'un chef qui se précipite en avant, à la tête de ses troupes, les entraîne toujours après lui, tandis que le cri : « Sauve qui peut ! » détermine presque fatalement une déroute ? Pourquoi ? C'est que, dans le premier cas, les hommes *s'imaginent* qu'ils doivent marcher en avant et que, dans le second, ils *s'imaginent* qu'ils sont vaincus et qu'il leur faut fuir pour échapper à la mort.

Panurge n'ignorait pas la contagion de l'exemple, c'est-à-dire l'action de l'imagination, quand, pour se venger d'un marchand avec lequel il naviguait, il lui achetait son plus gros mouton et le jetait à la mer, certain d'avance que le troupeau suivrait tout entier, ce qui eut lieu, du reste.

Nous autres, hommes, nous ressemblons plus ou moins à la gent moutonnière et, contre notre gré, nous suivons irrésistiblement l'exemple d'autrui, nous *imaginant*que nous ne pouvons faire autrement.

Je pourrais citer encore mille autres exemples, mais je craindrais que cette énumération ne devînt fastidieuse. Je ne puis cependant passer sous silence ce fait qui montre la puissance énorme de l'imagination, autrement dit, de *l'inconscient* dans sa lutte contre la *volonté.*

Il y a des ivrognes qui voudraient bien ne plus boire, mais qui ne peuvent s'empêcher de le faire. Interrogez- les, ils vous répondront, en toute sincérité, qu'ils voudraient être sobres, que la boisson les dégoûte, mais qu'ils sont irrésistiblement poussés à boire, malgré leur *volonté,* malgré le mal qu'ils savent que cela leur fera...

De même, certains criminels commettent des crimes *malgré eux,* et quand on leur demande pourquoi ils ont agi ainsi, ils répondent : « Je n'ai pas pu m'en empêcher, cela me poussait, c'était plus fort que moi. »

Et l'ivrogne et le criminel disent vrai; ils sont forcés de faire ce qu'ils font, par la seule raison qu'ils s'imaginent ne pas pouvoir s'en empêcher.

Ainsi donc, nous qui sommes si fiers de notre volonté, nous qui croyons faire librement ce que nous faisons, nous ne sommes en réalité que pauvres fantoches dont notre imagination tient tous les fils. Nous se cessons d'être ces fantoches que lorsque nous avons appris à la conduire.

SUGGESTION ET AUTOSUGGESTION

D'après ce qui précède, nous pouvons assimiler l'imagination à un torrent qui entraîne fatalement le malheureux qui s'y est laissé tomber, malgré sa volonté de gagner la rive. Ce torrent semble indomptable; cependant si vous savez vous y prendre, le vous le détournerez de son cours, vous le conduirez à l'usine, et là vous transformerez sa force en mouvement, en chaleur, en électricité.

Si cette comparaison ne vous semble pas suffisante, nous

assimilerons l'imagination (la folle du logis, comme on s'est plu à l'appeler) à un cheval sauvage qui n'a ni guides, ni rênes. Que peut faire le cavalier qui le monte, sinon se laisser aller où il plaît au cheval de le conduire ? Et, souvent alors, si ce dernier s'emporte, c'est dans le fossé que s'arrête sa course. Que le cavalier vienne à mettre des rênes à ce cheval, et les rôles sont changés. Ce n'est plus lui qui va où il veut, c'est le cavalier qui fait suivre au cheval la route qu'il désire.

Maintenant que nous nous sommes rendu compte de la force énorme de l'être inconscient ou imaginatif, je vais montrer que cet être, considéré comme indomptable, peut être aussi facilement dompté qu'un torrent ou un cheval sauvage.

Mais avant d'aller plus loin, il est nécessaire de définir soigneusement deux mots que l'on emploie souvent, sans qu'ils soient toujours bien compris. Ce sont les mots *suggestion* et *auto-suggestion*.

Qu'est-ce donc que la suggestion ? On peut la définir « l'action d'imposer une idée au cerveau d'une personne ». Cette action existe-t-elle réellement ? À proprement parler, non. La suggestion n'existe pas en effet par elle-même; elle n'existe et ne peut exister qu'à la condition *sine qua non* de se transformer chez le sujet en *autosuggestion*. Et ce mot, nous définirons « l'implantation d'une idée en soi-même par soi-même ». Vous pouvez suggérer quelque chose à quelqu'un; si l'inconscient de ce dernier n'a pas accepté cette suggestion, s'il ne l'a pas digérée, pour ainsi dire, afin de la transformer en *autosuggestion*, elle ne produit aucun effet.

Il m'est arrivé quelquefois de suggérer une chose plus ou moins banale à des sujets très obéissants d'ordinaire, et de voir ma suggestion échouer. La raison en est que l'inconscient de ces sujets s'était refusé à l'accepter et ne l'avait pas transformée en *autosuggestion*.

EMPLOI DE L'AUTOSUGGESTION

Je reviens à l'endroit où je disais que nous pouvons dompter et conduire notre imagination, comme on dompte un torrent ou un cheval sauvage. Il suffit pour cela, d'abord de savoir que cela est possible (ce que presque tout le monde ignore), et ensuite d'en connaître le moyen. Eh bien! ce moyen est fort simple; c'est celui que, sans le vouloir, sans le savoir, d'une façon absolument inconsciente de notre part, nous employons chaque jour depuis que nous sommes au monde, mais que, malheureusement pour nous, nous employons souvent mal et pour notre plus grand dam. Ce moyen c'est *l'autosuggestion*.

Tandis que, habituellement, on s'autosuggère *(sic)* inconsciemment, il suffit de s'autosuggérer consciemment et le procédé consiste en ceci : d'abord, bien peser avec sa raison les choses qui doivent faire l'objet de l'autosuggestion et, selon que celle-ci répond oui ou non, se répéter plusieurs fois, sans penser à autre chose : « Ceci vient ou ceci se passe; ceci sera ou ne sera pas, etc. etc., » et si l'inconscient accepte cette suggestion, s'il s'autosuggère, on voit la ou les choses se réaliser de point en point.

Ainsi entendue, *l'autosuggestion* n'est autre chose que l'hypnotisme tel que je le comprends et que je définis par ces simples mots : *Influence de l'imagination sur l'être moral et l'être physique de l'homme.*

Or, cette action est indéniable et, sans revenir aux exemples précédents, j'en citerai quelques autres.

Si vous vous persuadez à vous-même que vous pouvez faire une chose quelconque, pourvu qu'elle soit *possible,* vous la ferez, si difficile qu'elle puisse être. Si, au contraire, vous vous *imaginez* ne pas pouvoir faire la chose la plus simple du monde, il vous est impossible de la faire et les taupinières deviennent pour vous des montagnes infranchissables.

Tel est le cas des neurasthéniques qui, se croyant incapable du moindre effort, se trouvent souvent dans l'impossibilité de faire seulement quelques pas sans ressentir une extrême fatigue. Et ces mêmes neurasthéniques, quand ils font des efforts pour sortir de leur tristesse, s'y enfoncent de plus en plus, semblables au malheureux qui s'enlise et qui s'enfonce d'autant plus vite qu'il fait plus d'efforts pour se sauver.

De même il suffit de penser qu'une douleur s'en va pour sentir en effet cette douleur disparaître peu à peu, et, inversement, il suffit de penser que l'on souffre pour que l'on sente immédiatement venir la souffrance.

Émile Coué

Je connais certaines personnes qui prédisent à l'avance qu'elles auront la migraine tel jour, dans telles circonstances, et, en effet, au jour dit, dans les circonstances données elles la ressentent. Elles se sont elles-mêmes donné leur mal, de même que d'autres se guérissent leur par *autosuggestion consciente.*

Je sais que, généralement, on passe pour fou aux yeux du monde, quand on ose émettre des idées qu'il n'est pas habitué à entendre. Eh bien ! au risque de passer pour fou, je dirai que, si nombre de personnes sont malades moralement et physiquement, c'est qu'elles *s'imaginent* être malades, soit au moral, soit au physique; si certaines personnes sont paralytiques, sans qu'il y ait aucune lésion chez elles, c'est qu'elles s'imaginent être paralysées, et c'est parmi ces personnes que se produisent les guérisons les plus extraordinaires.

Si certains sont heureux ou malheureux, c'est qu'ils *s'imaginent* être heureux ou malheureux, car deux per- sonnes, placées exactement dans les mêmes conditions, peuvent se trouver, l'une *parfaitement heureuse,* l'autre *absolument malheureuse.*

La neurasthénie, le bégaiement, les phobies, la kleptomanie, certaines paralysies, etc., ne sont autre chose que le résultat de l'action de *l'inconscient* sur l'être physique ou moral.

Mais si notre *inconscient* est la source de beaucoup de nos maux, il peut aussi amener la guérison de nos affections morales et physiques. Il peut, non seulement réparer le mal qu'il a fait, mais encore guérir des maladies réelles, si grande est son action sur notre organisme.

Isolez-vous dans une chambre, asseyez-vous dans un fauteuil, fermez les yeux pour éviter toute distraction, et pensez uniquement pendant quelques instants: « Telle chose est en train de disparaître », « telle chose est en train de venir. »

Si vous vous êtes fait réellement de l'autosuggestion, c'est-à-dire si votre inconscient a fait sienne l'idée que vous lui avez offerte, vous êtes tout étonné de voir se produire la chose que vous avez pensée. (Il est à noter que le propre des idées autosuggérées est d'exister en nous à notre insu et que nous ne pouvons savoir qu'elles y existent que par les effets qu'elles produisent.) Mais surtout, et cette recommandation est essentielle, que la volonté n'intervienne pas dans la pratique de l'autosuggestion; car, si elle n'est pas d'accord avec l'imagination, si l'on pense : « Je veux que telle ou telle chose se produise, » et que l'imagination dise : « Tu le veux, mais cela ne sera pas, » non seulement on n'obtient pas ce que l'on veut, mais encore on obtient exactement le contraire.

Cette observation est capitale, et elle explique pourquoi les résultats sont si peu satisfaisants quand, dans le traitement des affections morales, on s'efforce de faire la *rééducation de la volonté*. C'est à l'*éducation de l'imagination* qu'il faut s'attacher, et c'est grâce à cette nuance que ma méthode a souvent réussi là où d'autres, et non des moindres, avaient échoué.

Des nombreuses expériences que je fais journellement depuis vingt ans et que j'ai observées avec un soin minutieux, j'ai pu tirer les conclusions qui suivent et que j'ai résumées sous forme de lois :

1° Quand la volonté et l'imagination sont en lutte, c'est toujours l'imagination qui l'emporte, *sans aucune exception;*

2° Dans le conflit entre la volonté et l'imagination, la force de l'imagination est *en raison directe du carré de la volonté;*

3° Quand la volonté et l'imagination sont d'accord, l'une ne s'ajoute pas à l'autre, mais l'une se multiplie par l'autre;

4° L'imagination peut être conduite.

(Les expressions « en raison directe du carré de la volonté » et « se multiplie » ne sont pas rigoureusement exactes. C'est simplement une image destinée à faire comprendre ma pensée.)

D'après ce qui vient d'être dit, il semblerait que personne ne dût jamais être malade. Cela est vrai. Toute maladie, **presque sans exception,** *peut céder à l'autosuggestion,* si hardie et si invraisemblable que puisse paraître mon affirmation; je ne dis pas *cède toujours,* mais *peut céder,* ce qui est différent.

Mais pour amener les gens à pratiquer *l'autosuggestion consciente,* il faut leur enseigner comment faire, de même qu'on leur apprend à lire ou à écrire, qu'on leur enseigne la musique, etc.

L'autosuggestion est, comme je l'ai dit plus haut, un instrument que nous portons en nous en naissant, et avec lequel nous jouons inconsciemment toute notre vie, comme un bébé joue avec son hochet. Mais c'est un instrument dangereux; il peut vous blesser, vous tuer même, si vous le maniez imprudemment et inconsciemment. Il vous sauve, au contraire, quand vous savez l'employer d'une façon *consciente*. On peut dire de lui ce qu'Ésope disait de la langue : « C'est meilleure, et en même temps la plus mauvaise chose du monde. »

Je vais vous expliquer maintenant comment on peut faire que tout le monde ressente l'action bienfaisante de *l'autosuggestion* appliquée d'une façon consciente.

En disant « tout le monde », j'exagère un peu, car il y a deux classes de personnes chez lesquelles il est difficile de provoquer l'autosuggestion consciente :

1° Les arriérés, qui ne sont pas capables de comprendre ce que vous leur dites;

2° *Les gens qui ne consentent pas à comprendre.*

COMMENT IL FAUT PROCÉDER POUR APPRENDRE AU SUJET À S'AUTOSUGGESTIONNER

Le principe de la méthode se résume en ces quelques mots :

On ne peut penser qu'à une chose à la fois, c'est-à-dire que deux idées peuvent se juxtaposer, mais non se superposer dans notre esprit.

Toute pensée occupant uniquement notre esprit devient vraie pour nous et a tendance à se transformer en acte.

Donc, si vous arrivez à faire penser à un malade que sa souffrance disparaît, elle disparaîtra; si vous arrivez à faire penser à un kleptomane qu'il ne volera plus, il ne volera plus, etc., etc.

Cette éducation qui vous semble peut-être une impossibilité, est cependant la chose la plus simple du monde. Il suffit, par une série d'expériences appropriées et graduées, d'apprendre, pour ainsi dire, au sujet, l'ABC de la pensée consciente, et cette série, la voici. Si on la suit à la lettre, on est sûr, absolument sûr d'obtenir un bon résultat, sauf avec les deux catégories de personnes désignées plus haut.

Première expérience (préparatoire). - Prier le sujet de se tenir debout, le corps raide comme une barre de fer, les pieds joints d'une extrémité à l'autre, en conservant les chevilles molles, comme si elles étaient des charnières; lui dire de s'assimiler à une planche ayant des gonds à sa base, et qu'on arriverait à mettre en équilibre sur le sol; lui faire observer que, si l'on pousse légèrement la planche en avant ou en arrière, celle-ci tombe comme une masse, sans aucune résistance, du côté vers lequel on la pousse; le prévenir que vous allez le tirer en arrière par les épaules et lui dire de se laisser tomber dans vos bras, sans opposer la moindre résistance, en tournant autour de ses chevilles comme charnières, c'est-à-dire ses pieds restant cloués sur le sol. Le tirer alors en arrière par les épaules et, si l'expérience ne réussit pas, la recommencer jusqu'à ce qu'elle soit réussie ou à peu près.

Deuxième expérience. - Expliquer d'abord au sujet que, pour lui montrer l'action de l'imagination sur nous-mêmes, vous allez le prier, dans un instant, de penser « je tombe en arrière, je tombe en arrière, etc. », qu'il ne doit avoir que cette pensée dans l'esprit, qu'il ne doit faire aucune réflexion, qu'il ne doit pas se demander s'il va tomber ou non, que s'il tombe il peut se faire du mal, etc., etc., qu'il ne doit pas, pour vous faire plaisir tomber exprès en arrière, mais que, par contre, s'il ressent un je ne sais quoi qui l'attire, il ne doit résister, mais, au contraire, obéir à l'attraction qu'il éprouve.

Prier alors le sujet de lever fortement le tête et de fermer les yeux, placer le poing sous sa nuque, la main gauche sur son front, et lui dire : Pensez « je tombe en arrière, je tombe en arrière, etc., etc., » et, en effet, vous tombez en arrière vous tom-bez-en-ar-rière, etc. En même temps, faire glisser la main gauche légèrement en arrière sur la tempe gauche, au-dessus de l'oreille et retirer *lentement,* très lentement, mais d'une façon continue, le poing droit.

On sent aussitôt le sujet esquisser un mouvement en arrière et s'arrêter dans sa chute ou bien tomber. Dans le premier cas, lui dire qu'il a résisté, qu'il n'a pas pensé qu'il tombait, mais qu'il allait se blesser s'il tombait. Cela est vrai, car s'il n'avait pas eu cette pensée, il serait tombé d'un bloc. Recommencer l'expérience, en employant un ton de commandement, comme si l'on voulait forcer le sujet à vous obéir. Continuer ainsi jusqu'à réussite complète ou presque complète. Une recommandation à faire à l'opérateur est de se tenir un peu en arrière du sujet, la jambe gauche en avant, la jambe droite portée fortement en arrière, afin de ne pas être renversé par le sujet quand il tombe. Si l'on négligeait cette précaution, il pourrait en résulter une double chute lorsque la personne est lourde.

Troisième expérience. - Faire placer le sujet en face de soi, le corps toujours raide, les chevilles molles et les pieds joints et parallèles. Lui placer les deux mains sur les tempes, sans appuyer, le regarder fixement, sans remuer les paupières, à la racine du nez, lui dire de penser « je tombe en avant, je tombe en avant » et lui répéter, en scandant les syllabes : « Vous tom-bez-en-a-vant, vous tom-bez-en-avant, etc., » sans cesser de le regarder fixement.

Quatrième expérience. - Prier le sujet de croiser les mains et de serrer les doigts au maximum, c'est-à-dire jusqu'à ce qu'il se produise un léger tremblement, le regarder comme dans l'expérience précédente et tenir ses mains sur les siennes, en pressant légèrement celles-ci, comme pour les serrer plus fortement. Lui dire de penser qu'il ne peut plus desserrer les doigts, que vous allez compter jusqu'à trois et que, quand vous direz : « Trois », il devra essayer de séparer ses mains, en pensant toujours « je ne peux pas, je ne peux pas, etc., » il constatera que cela lui est impossible. Compter alors « un, deux, trois », très lentement, et ajouter immédiatement, en détachant les syllabes : « Vous-ne-pou-vez pas, vous-ne-pou-vez pas, etc. » Si le sujet pense bien : « je ne peux pas » non seulement il ne peut pas desserrer les doigts, mais encore ces derniers se serrent avec d'autant plus de force qu'il fait plus d'efforts pour les séparer. Il obtient en somme le résultat contraire à celui qu'il voudrait obtenir. Au bout de quelques secondes, lui dire : « Maintenant, pensez je peux », et ses doigts se desserrent.

Avoir toujours soin de tenir le regard fixé sur la racine du nez du sujet et ne pas permettre à ce dernier de détourner un seul instant ses yeux des vôtres.

Si l'on voit que celui-ci peut détacher ses mains, ne pas croire que c'est sa propre faute; c'est celle du sujet. Il n'a pas bien pensé « je ne peux pas ». Affirmez-le-lui avec certitude et recommencez l'expérience.

Employez toujours un ton de commandement qui ne souffre pas de désobéissance. Je ne veux pas dire qu'il soit nécessaire d'élever la voix; au contraire, il est préférable d'employer le diapason ordinaire, mais de scander chaque mot d'un ton sec et impératif.

Quand cette expérience a réussi, toutes les autres réussissent également bien et on les obtient facilement, en se conformant à la lettre aux instructions données plus haut.

Certains sujets sont très sensibles, et il est facile de les reconnaître à ce que la contraction de leurs doigts et de leurs membres se produit facilement. Après deux ou trois expériences bien réussies, il n'est plus nécessaire de leur dire : « Pensez ceci, pensez cela »; on leur dit, par exemple, simplement, mais avec le ton impératif que doit employer tout bon suggestionneur : « Fermez le poing : maintenant vous ne pouvez plus l'ouvrir. Fermez les yeux; maintenant vous ne pouvez plus les ouvrir », etc., et l'on voit le sujet dans impossibilité absolue d'ouvrir le poing ou les yeux, malgré tous ses efforts. Lui dire au bout de quelques instants : « Vous pouvez »; instantanément la décontacture (*sic*) se produit.

Les expériences peuvent être variées à l'infini. En voici quelques-unes : faire joindre les mains et suggérer qu'elles sont soudées; faire appliquer la main sur la table et suggérer qu'elle y est adhérente; dire au sujet qu'il est collé à sa chaise et qu'il lui est impossible de se lever; le faire se lever et lui dire qu'il est dans l'impossibilité de marcher; placer un porte-plume sur une table et lui dire qu'il pèse 100 kilos et qu'il lui est impossible de le soulever, etc., etc.

Dans toutes ces expériences, je ne saurais trop le répéter, ce n'est pas la *suggestion* proprement dite qui détermine les phénomènes, mais l'*autosuggestion*consécutive chez le sujet à la suggestion du praticien.

NOTA. - Les instructions données ci-dessus ne sont destinées qu'au professeur. Il faut bien se garder d'essayer de faire soi-même ces expériences parce que, généralement, on ne se met pas dans les conditions voulues et l'on ne réussit pas.

MANIÈRE DE PROCÉDER POUR FAIRE DE LA SUGGESTION CURATIVE

Quand le sujet a passé par les expériences précédentes qui ne doivent cependant pas être considérées comme indispensables et qu'il les a comprises, il est mûr pour la suggestion curative.

Quelle que puisse être l'affection du sujet, qu'elle soit physique ou morale, il importe de procéder toujours de la même façon et de prononcer les mêmes paroles avec quelques variantes, suivant les cas.

Vous dites au sujet : « Asseyez-vous et fermez les yeux. Je ne veux pas essayer de vous endormir, c'est inutile. Je vous prie de fermer les yeux simplement pour que votre attention ne soit pas distraite par les objets qui frappent votre regard. Dites-vous bien maintenant que toutes les paroles que je vais prononcer vont se fixer dans votre cerveau, s'y imprimer, s'y graver, s'y incruster, qu'il faut qu'elles y restent toujours fixées, imprimées, incrustées, et que sans que vous le vouliez, sans que vous le sachiez, d'une façon tout à fait inconsciente de votre part, votre organisme et vous-même devrez y obéir. Je vous dis d'abord que, tous les jours, trois fois par jour, le matin, à midi, le soir, à l'heure des repas, vous aurez faim, c'est-à-dire que vous éprouverez cette sensation agréable qui fait penser et dire : Oh! que je mangerais donc avec plaisir ! » Vous mangerez en effet avec plaisir et grand plaisir, sans toutefois trop manger. Mais vous aurez soin de mastiquer longuement vos aliments de façon à les transformer en une espèce de pâte molle que vous avalerez. Dans ces conditions vous digérerez bien et vous ne ressentirez, ni dans l'estomac, ni dans l'intestin, aucune gêne, aucun malaise, aucune douleur, de quelque nature que ce soit. L'assimilation se fera bien et votre organisme profitera de tous vos aliments pour en faire du sang, du muscle, de la force, de l'énergie, de la vie, en un mot.

« Puisque vous aurez bien digéré, la fonction d'excrétion s'accomplira normalement et, tous les matins, en vous levant, vous éprouverez le besoin d'évacuer et, sans avoir jamais besoin d'employer aucun médicament, de recourir à un artifice quel qu'il soit, vous obtiendrez un résultat normal et satisfaisant.

« De plus, toutes les nuits, à partir du moment où vous désirerez vous endormir jusqu'au moment où vous désirerez vous éveiller le lendemain matin, vous dormirez d'un sommeil profond, calme, tranquille, pendant lequel vous n'aurez pas de cauchemars, et au sortir duquel vous serez tout à fait bien portant, tout à fait gai, tout à fait dispos.

« D'un autre côté, s'il vous arrive quelquefois d'être triste, d'être sombre, de vous faire de l'ennui, de broyer du noir, à partir de maintenant il n'en sera plus ainsi et au lieu d'être triste, sombre, au lieu de vous faire du chagrin, de l'ennui, de broyer du noir vous serez gai, bien gai, gai sans raison, c'est possible, mais gai tout de même comme il pouvait vous arriver d'être triste sans raison; je dirai plus : même si vous aviez des raisons vraies, des raisons réelles de vous faire de l'ennui et du chagrin, vous ne vous en ferez pas.

« S'il vous arrive aussi parfois d'avoir des mouvements d'impatience ou de colère, ces mouvements, vous ne les aurez plus; vous serez, au contraire, toujours patient, toujours maître de vous-même, et les choses qui vous ennuyaient, vous agaçaient, vous irritaient, vous laisseront dorénavant absolument indifférent et calme, très calme.

« Si quelquefois vous êtes assailli, poursuivi, hanté par des idées mauvaises et malsaines pour vous, par des craintes, des frayeurs, des phobies, des tentations, des rancunes, j'entends que tout cela s'éloigne peu à peu des yeux de votre imagination et semble se fondre, se perdre comme dans un nuage lointain où tout doit finir par disparaître complètement. Comme un songe s'évanouit au réveil, ainsi disparaîtront toutes ces vaines images.

« J'ajoute que tous vos organes fonctionnent bien; le cœur bat normalement et la circulation du sang s'effectue comme elle doit s'effectuer; les poumons fonctionnent bien; l'estomac, l'intestin, le foie, la vésicule biliaire, les reins, la vessie, remplissent normalement leurs fonctions. Si l'un d'entre eux fonctionne actuellement d'une façon anormale, cette anomalie disparaît un peu chaque jour, de telle sorte que, dans un temps peu éloigné, elle aura disparu complètement, et cet organe aura repris sa fonction normale.

« De plus, s'il existe quelques lésions dans l'un d'eux, ces lésions se cicatrisent de jour en jour, et elles seront rapidement guéries. « (À ce propos, je dois dire qu'il n'est pas nécessaire de savoir quel organe est malade pour le guérir. Sous l'influence de l'autosuggestion « tous les jours, à tous points de vue, je vais de mieux en mieux, « l'inconscient exerce son action sur cet organe qu'il sait discerner lui-même.)

« J'ajoute encore ceci, et c'est une chose extrêmement importante; si jusqu'à présent, vous avez éprouvé vis-à-vis de vous-même une certaine défiance, je vous dis que cette défiance disparaît peu à peu pour faire place, au contraire, à de la confiance en vous-même, basée sur cette force d'une puissance incalculable qui est en cha- cun de nous. Et cette confiance est une chose absolument indispensable à tout être humain. Sans confiance en soi, on n'arrive jamais à rien, avec de la confiance en soi, on peut arriver à tout (dans le domaine des *choses raisonnables*, bien entendu). Vous prenez donc confiance en vous et la confiance vous donne la certitude que vous êtes capable de faire non seulement bien, mais même très bien, toutes les choses que vous désirerez faire, *à la condition qu'elles soient raisonnables,* toutes les choses aussi qu'il est de votre devoir de faire.

« Donc, lorsque vous désirerez faire quelque chose de raisonnable, lorsque vous aurez à faire une chose qu'il est de votre devoir de faire, pensez toujours que cette chose est facile. Que les mots : *difficile, impossible, je ne peux pas, c'est plus fort que moi, je ne peux pas m'empêcher de...* disparaissent de votre vocabulaire : ils ne sont pas français. Ce qui est français, c'est : *c'est facile et je peux.* Considérant cette chose comme facile, elle le devient pour vous, alors qu'elle semblerait difficile aux autres, et cette chose, vous la faites vite, vous la faites bien, vous la faites aussi sans fatigue, parce que vous l'aurez faite sans effort. Tandis que, si l'aviez considérée comme difficile ou impossible, elle le serait devenue pour vous, tout simplement parce que vous l'auriez considérée comme telle. »

À ces suggestions générales, qui sembleront peut-être un peu longues et même enfantines à quelques-uns, mais qui sont *nécessaires,* il faut ajouter celles qui s'appliquent au cas particulier du sujet que vous avez entre les mains.

Toutes ces suggestions doivent être faites d'un ton monotone et berceur (en accentuant toutefois les mots essentiels) qui invite le sujet, sinon à dormir, du moins à s'engourdir, à ne plus penser à rien.

Quand la série des suggestions est terminée, on s'adresse au sujet en ces termes : « En somme, j'entends que, à tous points de vue, tant au point de vue physique qu'au point de vue moral, vous jouissiez d'une excellente santé, d'une santé meilleure que celle dont vous avez pu jouir jusqu'à présent. Maintenant je vais compter jusqu'à « trois » et quand je dirai « trois », vous ouvrirez les yeux et sortirez de l'état où vous êtes, et vous en sortirez bien tranquillement; en en sortant, vous ne serez pas engourdi, pas fatigué le moins du monde, tout au contraire, vous vous sentirez fort, vigoureux, alerte, dispos, plein de vie; de plus vous serez gai, bien gai et bien portant sous tous rapports: « Un, deux, trois. »

Au mot « trois » le sujet ouvre les yeux et sourit toujours avec, sur son visage, une expression de contentement et de bien-être.

Une fois ce petit discours terminé, vous ajoutez ce qui suit :

COMMENT IL FAUT PRATIQUER L'AUTOSUGGESTION CONSCIENTE

Tous les matins au réveil, et tous les soirs, aussitôt au lit, fermer les yeux et, *sans chercher à fixer son attention,* sur ce que l'on dit, prononcer avec les lèvres, assez haut pour *entendre* ses propres paroles et en comptant sur une ficelle munie de vingt nœuds, la phrase suivante : « *Tous les jours, à tous points de vue, je vais de mieux en mieux.* » Les mots « *à tous points de vue* » s'adressant à tout, il est inutile de se faire des autosuggestions *particulières.*

Faire cette autosuggestion d'une façon *simple,* aussi *enfantine,* aussi *machinale* que possible, par conséquent *sans le moindre effort.* En un mot, la formule doit être répétée sur le ton employé pour réciter des litanies.

De cette façon, l'on arrive à la faire pénétrer *mécani- quement* dans l'inconscient par l'oreille et, quand elle y a pénétré, elle agit. *Suivre toute sa vie cette méthode qui est aussi bien préventive que curative.*

De plus chaque fois que, dans le courant de la journée ou de la nuit, l'on ressent une souffrance physique ou morale, *s'affirmer* immédiatement à soi-même qu'on n'y contribuera pas consciemment et qu'on va la faire disparaître, puis s'isoler autant que possible, fermer les yeux et, se passant la main sur le front, s'il s'agit de quelque chose de moral ou sur la partie douloureuse, s'il s'agit de quelque chose physique, répéter *extrêmement vite* avec les lèvres, les mots : « *Ça passe, ça passe, etc., etc.* », aussi longtemps que cela est nécessaire. Avec un peu d'habitude on arrive à faire disparaître la douleur morale ou physique au bout de 20 à 25 secondes. Recommencer chaque fois qu'il en est besoin.

(La pratique de l'autosuggestion ne remplace pas un traitement médical, mais c'est une aide précieuse pour le malade comme pour le médecin.)

Après vous avoir donné des conseils, je dois vous indiquer le moyen de les mettre en pratique.

Il est donc facile de se rendre compte du rôle du suggestionneur. Ce n'est pas un maître qui ordonne, c'est un ami, un guide, qui conduit pas à pas le malade dans la voie de la guérison. Comme toutes ces suggestions sont données dans l'intérêt du malade, l'inconscient de ce dernier demande qu'à se les assimiler et à les transformer en autosuggestion. Quand celle-ci s'est faite, la guérison s'obtient plus ou moins rapidement.

SUPÉRIORITÉ DE LA MÉTHODE

Cette méthode donne des résultats absolument merveilleux, et il est facile de comprendre pourquoi. En effet, en agissant comme je le conseille, on n'éprouve jamais d'échecs, si ce n'est avec les deux catégories de gens dont j'ai parlé plus haut et qui, heureusement, représentent 3% à peine de la masse.

Si, au contraire, on essaye d'endormir le sujet du premier coup, sans explications, sans les expériences préliminaires, nécessaires pour l'amener à accepter la suggestion et la transformer en autosuggestion, on ne peut avoir et on n'a d'action que sur les sujets extrêmement sensibles et ils sont en petit nombre.

Tous peuvent le devenir par l'entraînement, mais très peu le sont suffisamment sans l'éducation préalable que je conseille de leur donner et qui se fait du reste dans l'espace de quelques minutes.

Autrefois, me figurant que la suggestion ne pouvait bien agir que pendant le sommeil, j'essayais toujours d'endormir mon sujet; mais, ayant constaté que ce n'était pas indispensable, j'ai cessé de le faire pour lui éviter la crainte, l'angoisse qu'il éprouve presque toujours lorsqu'on lui dit qu'on va l'endormir, crainte qui fait souvent qu'il offre malgré lui une résistance involontaire au sommeil. Si vous lui dites, au contraire, que vous ne voulez pas l'endormir, que cela est absolument inutile, vous gagnez sa confiance, il vous écoute sans aucune frayeur, sans aucune arrière-pensée, et il arrive souvent, sinon la première fois, du moins très rapidement, que, se laissant bercer par le son monotone de votre voix, il s'endort d'un sommeil profond dont il se réveille tout étonné d'avoir dormi.

S'il y a parmi vous des incrédules, et il y en a, je leur dirai tout simplement : « Venez chez moi, voyez et vous serez convaincus par les faits. »

Il ne faut pas croire cependant qu'il soit absolument nécessaire de procéder comme je viens de le dire pour employer la suggestion et déterminer l'autosuggestion. La suggestion peut être faite aux gens à leur insu et sans aucune préparation. Que, par exemple, un docteur qui, par son titre seul, exerce déjà sur son malade un effet suggestif, vienne à lui dire qu'il ne peut rien pour lui, que sa maladie est incurable, il provoque dans l'esprit de ce dernier une autosuggestion qui peut avoir les conséquences les plus désastreuses; qu'il lui dise au contraire que sa maladie est grave, il est vrai, mais que, avec des soins, du temps et de la patience, la guérison viendra, il pourra obtenir quelquefois et souvent même des résultats qui le surprendront.

Autre exemple : Qu'un médecin, après avoir examiné son malade, rédige une ordonnance et la lui donne sans aucun commentaire, les médicaments prescrits auront peu de chance de réussir; mais qu'il explique à son client que tels et tels médicaments devront être pris dans telles et telles conditions et produiront tels et tels effets, presque infailliblement les résultats annoncés seront obtenus.

S'il y a dans la salle des médecins ou des confrères pharmaciens, qu'ils ne me croient pas leur ennemi; je suis au contraire leur meilleur ami. D'un côté, je voudrais voir inscrire dans le programme des Écoles de Médecine l'étude théorique et pratique de la suggestion, pour le plus grand bien des malades et des médecins eux-mêmes, et d'un autre côté, j'estime que, chaque fois qu'un malade va trouver un médecin, celui-ci doit toujours lui ordonner un ou plusieurs médicaments, quand même ceux-ci ne seraient pas nécessaires. Le malade, en effet, quand il va trouver son docteur, y va pour qu'on lui indique le médicament qui guérira. Il ne sait pas que, le plus souvent, c'est l'hygiène, le régime qui agit; il y attache peu d'importance. C'est un médicament qu'il lui faut;

Si, à mon avis, le médecin prescrit seulement à son malade un régime sans aucune médication, celui-ci sera mécontent, il se dira que c'était bien inutile de se déranger pour qu'on ne lui donne rien à prendre, et souvent il ira trouver un autre docteur. Il me semble donc que le médecin doit toujours prescrire des médicaments à son malade et, autant que possible, pas de ces médicaments spécialisés autour desquels on fait tant de réclame et qui ne valent, le plus souvent, que par la réclame qu'on leur fait, mais bien des médicaments formulés par eux-mêmes, qui inspirent au malade infiniment plus de confiance que les pilules X ou les poudres Y qu'il peut se procurer facilement dans toute pharmacie, sans qu'il soit besoin d'aucune ordonnance.

COMMENT AGIT LA SUGGESTION

Pour bien comprendre le rôle de la suggestion, ou plutôt de l'autosuggestion, il suffit de savoir que *l'inconscient est le grand directeur de toutes nos fonctions.*Faisons-lui croire, comme je l'ai déjà dit précédemment, que tel organe qui ne fonctionne pas bien, doit bien fonctionner; instantanément, il lui en transmet l'ordre, et celui-ci, obéissant docilement, sa fonction redevient normale, soit immédiatement, soit peu à peu.

Ceci permet d'expliquer d'une façon aussi simple que claire comment, par la suggestion, on peut arrêter des hémorragies, vaincre la constipation, faire disparaître des fibromes, guérir des paralysies, des lésions tuberculeuses, des plaies variqueuses, etc.

Je prendrai, comme exemple, le cas d'une hémorragie dentaire, cas que j'ai pu observer dans le cabinet de M. Gauthé, dentiste, à Troyes. Une jeune fille, que j'avais aidée à se guérir d'un asthme qui durait depuis huit ans, me dit un jour qu'elle voulait se faire arracher une dent. Comme je la savais très sensible, je lui offris de la lui faire arracher sans douleur. Naturellement elle accepta avec plaisir et nous prîmes rendez-vous avec le dentiste. Au jour dit, nous nous rendîmes chez lui, et, me plaçant devant la jeune fille, je lui dis: « Vous ne sentez rien, vous ne sentez rien, vous ne sentez rien, etc. » et, tout en continuant ma suggestion, je fis signe au dentiste. Un instant après, la dent était enlevée, sans que Mlle D… eût sourcillé. Comme il arrive assez souvent, une hémorragie se déclara. Au lieu d'employer un hémostatique quelconque, je dis au dentiste que j'allais essayer de la suggestion, sans savoir à l'avance ce qui se produirait. Donc, je priai Mlle D… de me regarder, et je lui suggérai que, dans deux minutes l'hémorragie s'arrêterait d'elle-même, et nous attendîmes. La jeune fille rejeta encore quelque crachats sanguinolents, et ensuite plus rien. Je lui dis d'ouvrir la bouche, regardâmes et nous constatâmes qu'il s'était formé un caillot de sang dans la cavité dentaire.

Comment s'expliquer ce phénomène? De la façon la plus simple. Sous l'influence de l'idée : « l'hémorragie doit s'arrêter », l'inconscient avait envoyé aux artérioles et aux veines l'ordre de ne plus laisser s'échapper du sang et, docilement, elles s'étaient contractées *naturellement* comme elles l'auraient fait artificiellement, au contact d'un hémostatique, comme l'adrénaline, par exemple.

Le même raisonnement nous permet de comprendre comment un fibrome peut disparaître. L'inconscient ayant accepté l'idée « le fibrome doit disparaître », le cerveau ordonne aux artères qui le nourrissent de se contracter, celles-ci se contractent, refusent leurs services, ne nourrissent plus le fibrome et celui-ci privé de nourriture, meurt, se dessèche, se résorbe et disparaît.

EMPLOI DE LA SUGGESTION POUR LA GUÉRISON DES AFFECTIONS MORALES ET DES TARES ORIGINELLES OU ACQUISES

La neurasthénie, si fréquente de nos jours, cède généralement à la suggestion pratiquée fréquemment de la façon que j'indique. J'ai eu bonheur de contribuer à la guérison d'un grand nombre de neurasthéniques chez les- quels tous les traitements avaient échoué. L'un d'eux même avait passé un mois dans un établissement spécial du Luxembourg sans obtenir d'amélioration. En six semaines, il a été complètement guéri, et c'est maintenant l'homme le plus heureux du monde, après s'en être cru le plus malheureux. Et jamais plus il ne retombera dans sa maladie, car je lui ai appris à se faire de l'autosuggestion consciente, et il sait la pratiquer d'une façon merveilleuse.

Mais si la suggestion est utile dans le traitement des affections morales et physiques, quels services bien plus grands encore ne peut-elle pas rendre à la société, en transformant en honnêtes gens les malheureux enfants qui peuplent les maisons de correction et qui ne sortent de là que pour entrer dans l'armée du crime ?

Que l'on ne vienne pas me dire que cela est impossible. Cela *est* et je puis vous en fournir la preuve.

Je citerai les deux cas suivants qui sont bien caractéristiques. Mais ici je dois ouvrir une parenthèse. Pour vous bien faire comprendre la façon dont la suggestion agit dans le traitement des tares morales , j'emploierai la comparaison suivante : supposons que notre cerveau soit une planche dans laquelle sont enfoncées des pointes représentant nos idées, nos habitudes, nos instincts, qui déterminent nos actions. Si nous constatons qu'il existe chez un individu une mauvaise idée, une mauvaise habitude, un mauvais instinct, en somme, une mauvaise pointe, nous en prenons une autre qui est l'idée bonne, l'habi- tude bonne, l'instinct bon, nous la plaçons directement sur la tête de la mauvaise pointe et nous donnons dessus un coup de marteau, autrement dit, nous faisons de la suggestion. La nouvelle pointe s'enfoncera d'un millimètre, par exemple, tandis que l'ancienne sortira d'autant. À chaque nouveau coup de marteau, c'est-à-dire à chaque nouvelle suggestion, elle s'enfoncera encore d'un millimètre et l'autre sortira d'un millimètre, de sorte que, au bout d'un certain nombre de coups, l'ancienne pointe sera complètement sortie et remplacée par la nouvelle. Cette substitution opérée, l'individu lui obéit.

J'en reviens à mes exemples. Le jeune M…, âgé 11 ans, demeurant à Troyes, était sujet nuit et jour à certains petits accidents qui sont inhérents à la première enfance; de plus il était kleptomane et, naturellement, il mentait aussi. Sur la demande de sa mère, je lui fis de la suggestion. Dès la première séance, les accidents cessèrent pendant le jour, mais continuèrent pendant la nuit. Petit à petit, ils devinrent moins fréquents, et finalement, quelques mois après, l'enfant fut complètement guéri. En même temps, la passion du vol s'atténuait, et au bout de six mois, il ne volait plus.

Le frère de cet enfant, âgé 18 ans, avait conçu contre un autre de ses frères une haine violente. Chaque fois qu'il avait bu un peu plus que de raison il éprouvait l'envie de tirer son couteau et d'en frapper son frère. Il sentait que cela se produirait un jour et il sentait en même temps que, après avoir accompli son crime, il se mettrait à sangloter sur le corps de sa victime.

Je lui fis également de la suggestion. Chez lui, le résultat fut merveilleux. Dès la première séance, il fut guéri. Sa haine pour son frère avait disparu et, depuis lors, ils furent tous deux bons amis, cherchant à s'être agréables l'un à l'autre.

Je l'ai suivi pendant longtemps; la guérison persistait toujours.

Quand, par la suggestion, on obtient de semblables résultats, ne semblerait-il pas utile, je dirai plus, *indispensable,* d'adopter cette méthode et de l'introduire dans les maisons de correction ? Je suis absolument certain que, par une suggestion journellement appliquée à des enfants vicieux, on en ramènerait plus de 50% dans le droit chemin. Ne serait-ce pas rendre à la société un service immense que de lui redonner sains et bien portants des membres auparavant rongés par la pourriture morale ?

On m'opposera peut-être qu'il y a danger à employer la suggestion, qu'on peut s'en servir pour faire le mal. Cette objection n'a aucune valeur, d'abord parce que la pratique de la suggestion serait confiée à des gens sérieux et honnêtes, aux médecins des maisons de correction, par exemple, et que, d'autre part, ceux qui cherchent à s'en servir pour le mal n'en demandent la permission à personne.

Mais en admettant même qu'elle offre quelque danger (ce qui n'est pas), je demanderais à celui qui me ferait cette objection quelle est la chose que nous employons qui est sans danger. Est-ce la vapeur ? Est-ce la poudre? Sont-ce les chemins de fer, les navires, l'électricité, les automobiles, les aéroplanes ? Sont-ce les poisons que nous, médecins et pharmaciens, employons chaque jour à dose infinitésimale et qui peuvent foudroyer le malade si, dans un moment d'inattention, nous avons le malheur de tromper dans une pesée ?

QUELQUES CAS DE GUÉRISON

Ce petit travail serait incomplet s'il ne contenait quelques exemples de guérisons. Je ne citerai pas toutes celles dans lesquelles je suis intervenu; ce serait trop long et peut-être aussi quelque peu fatigant. Je me contenterai seulement d'en citer quelques-unes des plus remarquables.

Mlle M... D..., de Troyes, souffre depuis huit ans d'un asthme qui l'oblige à rester assise sur son lit pendant la plus grande partie de la nuit, cherchant à remplir ses poumons qui lui refusent leurs services. Expériences préliminaires qui la montrent très sensible, sommeil immédiat, suggestion. Dès le premier jour, amélioration énorme, Mlle D... passe une bonne nuit, interrompue seulement par un accès d'asthme qui dure un quart d'heure. Au bout de très peu temps, l'asthme disparaît complètement, sans rechutes ultérieures.

M. M..., ouvrier bonnetier, demeurant à Sainte-Savine, près de Troyes, paralysé depuis deux ans à la suite de lésions à la jonction de la colonne vertébrale au bassin. La paralysie n'existe que dans les membres inférieurs, la circulation du sang est presque nulle dans ces membres qui sont gonflés et congestionnés au point d'être violacés. Divers traitements, même le traitement antisyphilitique, ont été appliqués sans résultat. Expériences préliminaires, bien réussies, suggestion de ma part, autosuggestion de la part du sujet pendant huit jours. Au bout de ce temps, mouvements presque imperceptibles de la jambe gauche, mais cependant appréciables. Nouvelle suggestion. Huit jours après, amélioration notable. De semaine en semaine, amélioration de plus en plus grande avec disparition progressive de l'enflure, et ainsi de suite. Au bout de onze mois, le 1er novembre 1906, le malade descend seul ses escaliers, fait 800 mètres à pied et, au mois de juillet 1907, il rentre à l'atelier, où il continue à travailler depuis ce moment, ne conservant plus trace de paralysie.

M. A... G..., demeurant à Troyes, souffre depuis long- temps d'une entérite que différents traitements n'ont pu guérir. Le moral est très mauvais. M. G... est triste, sombre, insociable, il est poursuivi par des idées de suicide.

Expériences préliminaires faciles, puis suggestion qui produit un résultat appréciable dès le jour même. Pendant trois mois, suggestions journalières d'abord, puis, de plus en plus espacées. Au bout de ce temps, la guérison est complète, l'entérite a tout à fait disparu, le moral est devenu excellent. Comme cette guérison date de douze ans, sans l'ombre d'une rechute, on peut la considérer comme complète. M. G... est un exemple frappant des effets que peut produire la suggestion, ou plutôt l'autosuggestion. Tout en lui faisant de la suggestion au point de vue physique, je lui en faisais également au point de vue moral et il acceptait aussi bien l'une que l'autre. Aussi prenait-il en lui une confiance chaque jour grandissante. Comme il était excellent ouvrier, il chercha, pour gagner davantage, à se procurer un métier de bonnetier afin de travailler chez lui pour le compte d'un patron. Quelque temps après un fabricant, l'ayant vu travailler sous ses yeux, lui confia le métier qu'il désirait. M. G..., grâce à son habileté, fit rendre à son métier un produit beaucoup plus grand que les ouvriers ordinaires. Enchanté de ce résultat, l'industriel lui en confia un autre, puis encore un autre, etc., de telle sorte que M. G.., qui serait resté simple ouvrier s'il n'avait eu recours à la suggestion, se trouve maintenant à la tête de six métiers qui lui procurent un très gros gain.

Mme M..., à Troyes, 30 ans environ, atteinte de tuberculose. Amaigrissement chaque jour grandissant malgré la suralimentation. Toux, oppression, crachats; elle semble n'avoir plus que quelques mois à vivre. Expériences préliminaires dénotant une grande sensibilité, suggestion, amélioration immédiate. Dès le lendemain les symptômes morbides commencent à s'atténuer. L'a- mélioration devient chaque jour plus sensible, le poids de le malade augmente rapidement bien qu'elle ne se suralimente plus. Au bout de quelques mois la guérison semble complète. Cette personne m'écrit au 1er janvier 1911, c'est-à-dire huit mois après mon départ de Troyes, pour me remercier. Elle me fait savoir que, bien qu'elle soit enceinte, elle se porte à merveille.

À ces cas que j'ai choisis anciens avec intention, pour montrer que la guérison est durable, je veux en ajouter quelques autres un peu plus récents.

M. X..., employé des postes à Lunéville, perd un enfant en janvier 1910. D'où commotion cérébrale qui se manifeste chez lui par un tremblement nerveux incoercible. Son oncle me l'amène au mois de juin. Expériences préliminaires, puis suggestion. Quatre jours après, le malade revient, il me dit que son tremblement a disparu. Nouvelle suggestion et invitation à revenir huit jours après. Huit jours se passent, puis quinze jours, puis trois semaines, puis un mois. Point de nouvelles.

Peu après, son oncle revient et me dit qu'il a reçu une lettre de son neveu. Celui-ci va tout à fait bien. Il a réintégré son poste de télégraphiste qu'il avait dû abandonner et, la veille, il a passé une dépêche de cent soixante-dix mots sans la moindre difficulté. Il aurait pu, ajoutait-il dans sa lettre, en passer une plus longue.

Depuis lors pas de rechute.

M. Y…, de Nancy, neurasthénique depuis plusieurs années, a des phobies, des terreurs, les fonctions de l'estomac et des intestins s'accomplissent mal, le sommeil est mauvais, son humeur est sombre et des idées de suicide l'assiègent; il titube en marchant comme un homme ivre, il pense continuellement à son mal. Tous les traitements ont été impuissants et son état va toujours en empirant; un séjour d'un mois dans une maison spéciale ne produit aucun effet. M. Y… vient me trouver au commencement d'octobre 1910. Expériences préliminaires relativement faciles. J'explique au malade le mécanisme de l'autosuggestion et l'existence en nous de l'être conscient et de l'être inconscient. Suggestion. Pendant deux ou trois jours M. Y… est un peu troublé par les explications que je lui ai données. Au bout de quelque temps la lumière se fait dans son esprit : il a compris. Je lui fais de la suggestion et il s'en fait lui-même chaque jour. L'amélioration, d'abord lente, devient de plus en plus rapide, et au bout d'un mois et demi la guérison est complète. L'ex-malade qui, naguère, se considérait comme le plus malheureux des hommes, s'en trouve maintenant le plus heureux. Non seulement il n'y a pas eu de rechute, mais encore il est impossible qu'il s'en produise, parce que M. Y… est convaincu qu'il ne peut plus retomber dans le triste état où il se trouvait autrefois.

M. E…, de Troyes. Attaque de goutte; la cheville du pied droit est enflée et douloureuse, la marche est impossible. Les expériences préliminaires le montrent très sensible. Après la première suggestion, il peut regagner, sans l'aide de sa canne, la voiture qui l'a amené. Il ne souffre plus. Le lendemain, il ne revient pas comme je lui avais dit de le faire. Sa femme vient seule et m'apprend que le matin son mari s'était levé, qu'il avait chaussé ses souliers et était parti visiter ses chantiers à bicyclette (ce monsieur est peintre).

Inutile de vous dire ma stupéfaction. Je n'ai pas suivi ce malade qui n'a pas daigné revenir chez moi. J'ai su qu'il était resté longtemps sans rechute, mais j'ignore ce qui s'est produit depuis lors.

Mme T…, de Nancy. Neurasthénie, dyspepsie, gastralgie, entérite, douleurs dans différentes parties du corps. Elle se soigne depuis plusieurs années avec un résultat négatif. Suggestion de ma part, autosuggestion journalière de la sienne. Amélioration sensible dès le premier jour; cette amélioration se continue sans interruption. Actuellement cette personne est guérie depuis de longtemps au moral et au physique. Elle ne suit plus aucune régime. Il lui semble qu'il lui reste un peu d'entérite, mais elle n'en est pas sûre.

Mme X…, sœur de Mme T…. Neurasthénie profonde; elle reste au lit quinze jours par mois, dans l'impossibilité de se mouvoir et de travailler; inappétence, tristesse, mauvais fonctionnement de l'appareil digestif. Guérison en une seule séance. Cette guérison semble devoir être durable puisque, jusqu'ici, il n'y a pas eu la moindre rechute.

Mme H…, à Maxéville. Eczéma généralisé. Il est particulièrement intense à la jambe gauche. Les deux jambes sont enflées, surtout aux chevilles, la marche est difficile, douloureuse. Suggestion. Le soir même, Mme H… peut faire plusieurs centaines de mètres sans fatigue. Le lendemain les pieds et les chevilles sont désenflés et ne renflent plus depuis. L'eczéma disparaît rapidement.

Mme P…, à Laneuveville. Douleurs dans les reins et les genoux. La maladie dure depuis dix ans et va en empirant chaque jour. Suggestion de ma part et autosuggestion de la sienne. L'amélioration est immédiate et augmente progressivement. La guérison s'obtient rapidement et dure toujours.

Mme Z…, de Nancy, a contracté en janvier 1910 une congestion pulmonaire dont elle n'est pas remise deux mois après. Faiblesse générale, inappétence, digestions mauvaises. selles rares et difficiles, insomnie, sueurs nocturnes abondantes. Dès la première suggestion la malade se sent beaucoup mieux; au bout de deux jours, elle revient et me dit qu'elle se trouve tout à fait bien. Toute trace de maladie a disparu, toutes les fonctions s'accomplissent normalement. Trois ou quatre fois elle a été sur le point de transpirer, mais chaque fois, elle s'en est empêchée par l'emploi de l'autosuggestion consciente. Depuis ce moment Mme Z… se porte à merveille.

M. X…, professeur à Belfort, ne peut parler pendant plus de dix minutes à un quart d'heure sans devenir complètement aphone. Différents médecins consultés ne lui trouvent aucune lésion dans les organes de la voix; l'un d'eux lui dit qu'il a de la sénilité du larynx et cette affirmation le confirme dans l'idée qu'il ne pourra jamais se guérir. Il vient à Nancy passer ses vacances. Une dame que je connais lui conseille de venir me trouver; il refuse d'abord, enfin il y consent malgré son incrédulité absolue dans les effets de la suggestion. Je lui en fais néanmoins et le prie de revenir le surlendemain. Il revient le jour dit, et me raconte que, la veille, il a causé tout l'après-midi, sans devenir aphone. Deux jours après il revient encore, l'aphonie n'a point reparu, bien que M. X… ait non seulement beaucoup causé, mais qu'il ait encore chanté la veille. La guérison a persisté.

Avant de terminer, je tiens à vous dire encore quelques mots sur un procédé excellent à employer par les parents pour faire l'éducation de leurs enfants et les débarrasser de leurs défauts.

Ils doivent pour cela attendre que l'enfant soit endormi. L'un d'eux pénètre avec précaution dans sa chambre, s'arrête à un mètre de son lit et lui répète quinze ou vingt fois *en murmurant* toutes les choses qu'il désire obtenir de lui, tant au point de vue de la santé, du sommeil, que du travail, de l'application, de la conduite, etc., puis il se retire, comme il est venu, en prenant bien garde d'éveiller l'enfant.

Ce procédé extrêmement simple donne les meilleurs résultats et il est facile d'en comprendre le pourquoi. Quand l'enfant dort, son corps et son être conscient se reposent, ils sont pour ainsi dire annihilés, mais son être inconscient veille; c'est donc à ce dernier seul que l'on s'adresse et, comme il est très crédule, il accepte ce qu'on lui dit, sans discussion et petit à petit l'enfant arrive à faire de lui-même ce que les parents désirent.

CONCLUSION

Quelle conclusion tirer de tout cela ?

Cette conclusion est bien simple et peut s'exprimer en peu de mots

: nous possédons en nous une force d'une puissance incalculable qui, lorsque nous la manions d'une façon inconsciente, nous est souvent préjudiciable. Si, au contraire, nous la dirigeons d'une façon consciente et sage, elle nous donne la maîtrise de nous-mêmes et nous permet non seulement d'aider à nous soustraire nous-mêmes et à soustraire les autres à la maladie physique et à la maladie morale, mais encore de vivre relativement heureux, quelles que soient les conditions dans lesquelles nous puissions nous trouver.

Enfin et surtout, elle peut, elle doit être appliquée à la régénération morale de ceux qui sont sortis de la voie du bien.

CE QUE PEUT L'AUTOSUGGESTION

OBSERVATIONS

Le jeune B…, 13 ans, entre à l'hôpital en janvier 1912; il a une maladie de cœur très grave, caractérisée par un souffle particulier; la respiration lui manque et il ne peut marcher qu'à pas extrêmement courts et lents. Le docteur qui le reçoit, l'un de nos meilleurs cliniciens, pronostique une issue fatale et rapide.

Le malade quitte l'hôpital en février *non amélioré.* Un ami de sa famille me l'amène et quand je le vois, son aspect me fait penser qu'il est perdu. Je lui fais néanmoins exécuter les expériences préliminaires qu'il réussit d'une façon merveilleuse, et après lui avoir fait de la suggestion et lui avoir recommandé de s'en faire à lui-même, je lui dis de revenir le surlendemain. Quand je le revois, je constate à mon grand étonnement qu'il s'est produit une amélioration *très sensible* dans sa respiration et sa façon de marcher. Nouvelle suggestion. Deux jours après, lorsqu'il revient l'amélioration s'est continuée; et il en est ainsi à chaque séance.

Les progrès sont même tellement rapides que, trois semaines après la première séance, mon petit malade va se promener *à pied* avec sa mère au plateau de Villers!

Il respire librement, presque normalement; il marche sans essoufflement et peut monter les escaliers, chose qui lui était impossible auparavant. L'amélioration se continuant toujours, le jeune B… me demande, vers la fin de mai, s'il peut aller chez sa grand'mère, à Carignan. Comme je le trouve bien, je lui conseille de le faire. Il part donc et me donne de temps en temps de ses nouvelles. Sa santé est de meilleure en meilleure; il mange avec appétit, digère bien, assimile de même, l'oppression a complètement disparu; non seulement il peut marcher comme tout le monde, mais encore il court et se livre à la chasse aux papillons.

Il revient au mois d'octobre; c'est à peine si je puis le reconnaître. Le petit bonhomme malingre et voûté qui m'avait quitté en mai, est maintenant un grand garçon bien droit, avec un visage rayonnant de santé. Il a augmenté de 12 centimètres en hauteur et de 19 livres en poids ! Depuis lors, il a vécu normalement, il monte et descend les escaliers en courant, il fait de la bicyclette et joue au foot-ball *(sic)* avec ses camarades.

Mlle X..., de Genève, 13 ans; plaie sur la tempe considérée par plusieurs médecins comme étant d'origine tuberculeuse; depuis un an et demi, cette plaie résiste aux différents traitements ordonnés. On la conduit à M. Baudouin, disciple à Genève de M. Coué. Celui-ci lui fait de la suggestion et dit de la ramener dans huit jours. Quand elle revient, la plaie est guérie !!!

Mlle Z..., de Genève également, a la jambe droite contracturée depuis dix-sept ans à la suite d'un abcès qu'elle a eu au-dessus du genou et qu'on a dû opérer. Elle prie M. Baudouin de lui faire de la suggestion, et celui-ci a à peine commencé que la jambe se plie et s'ouvre normalement. (Certainement, il y avait dans ce cas une cause psychique.)

Mme U..., 55 ans, de Maxéville, plaie variqueuse datant de plus d'un an et demi. Première séance en septembre 1915; deuxième séance huit jours après. Au bout de quinze jours, guérison complète.

E.C..., 10 ans, Grande-Rue, 19 (réfugié de Metz). Affection du cœur inconnue, végétations. Perdait toutes les nuits du sang par la bouche. Vient en juillet 1915.

Après quelques séances, le sang commence à diminuer. L'amélioration se continue toujours et, à la fin de novembre, l'écoulement a complètement disparu. Les végétations semblent ne plus exister.

Pas de rechute jusqu'en août 1916.

M. H…, 48 ans, demeurent à Brin. Réformé le 15 janvier 1915 pour bronchite chronique *spécifique;* le mal empire de jour en jour.

Vient en octobre 1915. L'amélioration est immédiate et se continue depuis. Actuellement, sans être complètement guéri, il va cependant beaucoup mieux.

Depuis *vingt-quatre ans,* M. B… souffrait d'une sinusite frontale qui avait nécessité onze opérations !! Malgré tout, la sinusite persistait, accompagnée de douleurs intolérables. L'état physique du malade était des plus piteux; douleurs violentes et presque continues, inappétence, faiblesse extrême, impossibilité de marcher, de lire ! pas de sommeil, etc. Le morale ne valait pas mieux que le physique et malgré les traitements de Bernheim, de Nancy, de Déjerine, de Paris, de Dubois, de Berne, de X…, de Strasbourg, cet état, non seulement persistait, mais encore empirait chaque jour.

Le malade vint en septembre 1915, sur le conseil d'un de mes clients. À partir de ce moment, les progrès ont été très rapides et, actuellement (1925), ce monsieur se porte parfaitement bien. C'est une vraie résurrection.

M. N…, 18 ans, rue Sellier, mal de Pott. Vient, au commencement de 1914, le torse enveloppé depuis six mois dans un corset plâtré. Suit régulièrement les séan- ces deux fois par semaine, et se fait, matin et soir, la suggestion habituelle. L'amélioration se manifeste très rapidement, et le malade peut quitter son corset au bout de peu de temps. Je l'ai revu en avril 1916. Il était complètement guéri et remplissait les fonctions de facteur des postes, après avoir été infirmier dans une ambulance de Nancy, où il était resté jusqu'à ce qu'elle fût fermée.

M. D…, à Jarville; paralysie de la paupière supérieure gauche. - Se rend à l'hôpital, où on lui fait des piqûres à la suite desquelles la paupière se soulève; mais l'œil gauche était dévié de plus de 45° vers l'extérieur. Une opération semblait être nécessaire.

C'est à ce moment qu'il vint à la maison et que, grâce à l'autosuggestion, son œil reprit peu à peu sa position normale.

Mme L…, à Nancy; douleurs ininterrompues du côté droit de la face, durant depuis plus de dix ans. - Visites à de nombreux médecins dont les ordonnances ne produisent aucun résultat. Opération jugée nécessaire. La malade vient le 25 juillet 1916, l'amélioration est immédiate et ,au bout d'une dizaine de jours, la douleur a complètement disparu.

Pas de récidive jusqu'au 20 décembre de la même année.

Maurice T.., huit ans et demi, à Nancy, a les pieds bots. - Une première opération guérit, ou à peu près, le pied gauche, le pied droit restant malade. Deux nouvelles opérations n'ont pas plus de succès.

On m'amène l'enfant, pour la première fois, en février 1915; il marche assez bien, grâce à deux appareils qui lui redressent les pieds.

La première séance amène immédiatement du mieux et après la deuxième, l'enfant marche en chaussures ordinaires. L'amélioration est de plus en plus grande. Le 17 avril 1916, l'enfant va bien. Cependant son pied droit n'est plus aussi solide, par suite d'une entorse qu'il s'est donnée le 20 février 1916.

Mlle X…, à Blainville; plaie au pied gauche, probablement d'origine spécifique. - Une légère entorse a déterminé un gonflement du pied accompagné de douleurs vives. Différents traitements n'ont eu qu'un résultat négatif; au bout d'un certain temps il se déclare une plaie suppurante qui semble indiquer la carie d'un os. La marche devient de plus en plus difficile et douloureuse malgré les traitements suivis. Sur le conseil d'une ancienne malade guérie, elle vient me trouver. Dès les premières séances, un mieux sensible se manifeste. Peu à peu, l'enflure s'atténue, la douleur devient de moins en moins intense, la suppuration est de plus en plus faible et finalement la cicatrisation se fait. Ce processus a demandé quelques mois. Actuellement le pied est presque normal; cependant, bien que la douleur et l'enflure aient complètement disparu, la flexion du pied en arrière n'est pas complète, ce qui détermine chez la malade une légère claudication.

Mme R.., à Chavigny, métrite datant de dix ans. - Vient à la fin de juillet 1916. L'amélioration est immédiate, les pertes et les douleurs diminuent rapidement. Le 29 septembre suivant, il n'y a plus ni douleurs ni pertes. Le flux mensuel, qui durait de huit à dix jours, se termine au bout de quatre jours.

Mme H., rue Guilbert-de-Pixerécourt, à Nancy, 40 ans. - Est atteinte d'une plaie variqueuse, datant de septembre 1914, qu'elle soigne sans succès d'après les conseils de son docteur. La partie inférieure de la jambe est énorme (la plaie, de la largeur d'une pièce de deux francs et pénétrant jusqu'à l'os, est située au-dessus de la cheville), l'inflammation est très intense, la suppuration abondante et les douleurs sont extrêmement violentes.

La malade vient pour la première fois en avril 1916. L'amélioration, qui commence à se manifester dès la première séance, se continue sans interruption. Le 18 février 1917, la jambe est *complètement* désenflée, la douleur et la démangeaison ont disparu, la plaie existe encore, mais elle n'est pas plus large qu'un petit pois et n'a plus que deux à trois millimètres de profondeur, elle suppure encore très légèrement. En 1920 la guérison est complète depuis longtemps.

Mlle D…, à Mirecourt, 16 ans. - Crises nerveuses depuis trois ans. Ces crises d'abord peu fréquentes, se sont rapprochées de plus en plus. Quand elle vient me voir, le 1er avril 1917, elle a eu trois crises pendant la quinzaine précédente. Jusqu'au 18 avril, aucune crise ne s'est manifestée.

Nous pouvons ajouter que cette jeune fille a vu disparaître, dès le début, des maux de tête dont elle souffrait presque constamment.

Mme M…, 43 ans, Malzéville. - Vient à la fin de 1916 pour de violentes douleurs de tête qu'elle a eues toute sa vie. Après quelques séances les douleurs ont complètement disparu.

Au bout de deux mois, elle constata la guérison d'une descente de l'utérus, dont elle ne m'avait point parlé et à laquelle elle ne pensait pas lorsqu'elle faisait son autosuggestion. (Ce résultat est dû aux mots « à tous points de vue » contenus dans la formule à employer matin et soir.)

Mme X…, Choisy-le-Roi. - Une seule suggestion générale de ma part en juillet 1916, autosuggestion de la sienne matin et soir. En octobre de la même année, cette dame m'apprend que depuis qu'elle est venue à la mai-l'utérus *(sic)* qu'elle avait depuis de plus de vingt ans. En avril 1920 la guérison persiste. (Même observation que pour le cas précédent.)

Mme J…, 60 ans, rue des Dominicains. - Vient le 20 juillet 1917, pour une douleur violente dans la jambe droite accompagnée d'une enflure considérable du membre tout entier. Elle se traîne pour marcher et pousse des gémissements. Après la séance, à son grand étonnement, elle marche *normalement* sans ressentir la moindre douleur; lorsqu'elle revient, quatre jours après, les douleurs ne sont pas revenues et l'enflure a disparu. Cette dame m'apprend que depuis qu'elle est venue à la maison, elle est guérie de pertes blanches et d'une entérite dont elle souffrait depuis fort longtemps. (Même observation que précédemment.) En novembre la guérison persiste toujours.

Mlle G. L.., 15 ans, rue du Montet. - Bégayait depuis son enfance. Vient le 20 juillet 1917 et voit cesser instantanément son bégaiement. Un mois plus tard, je l'ai revue; la guérison persistait.

M. F..., 60 ans, rue de la Côte. - Depuis cinq ans, douleurs rhumatismales dans les épaules et dans la jambe gauche. Marche difficilement en s'appuyant sur une canne et ne peut lever les bras plus haut que les épaules. Vient le 17 septembre 1917. Après la première séance, les douleurs ont complètement disparu, et le malade peut non seulement marcher à grands pas, mais encore *courir*. De plus, il fait le moulinet avec les deux bras. En novembre la guérison persiste toujours.

M.S..., 48 ans, Bouxières-aux-Dames. - Venu pour la première fois le 20 avril 1917 avec, à la jambe gauche, une plaie variqueuse datant de quinze ans, large comme une pièce de cinq francs. Le 27 avril, la plaie est *guérie*.

Le 4 mai, il n'y avait pas de rechute. Je ne l'ai plus revu depuis ce moment.

Mme L..., 63 ans, chemin des Sables. - Douleurs de la face durant depuis plus de dix ans. Tous les traitements sont inefficaces. On veut faire une opération à laquelle la malade se refuse. Vient pour la première fois le 25 juillet 1916; quatre jours plus tard, la douleur n'existe plus. La guérison a persisté jusqu'à ce jour.

Mme M..., Grande-Rue (Ville-Vieille). - Métrite datant de treize ans, accompagnée de douleurs et de pertes rouges et blanches. Les règles, très douloureuses, se reproduisent tous les vingt-deux ou vingt-trois jours et durent de dix à douze jours.

Vient pour la première fois le 15 novembre 1917 et revient régulièrement chaque semaine. Amélioration sensible après la première séance. Elle se continue rapidement et, au commencement de janvier 1918, la métrite a complètement disparu; les règles se reproduisent bien plus régulièrement et sans trace de douleur.

Une douleur qui existait dans le genou de la malade depuis de treize ans a également disparu.

Mme C.., demeurent à Einville (M.-et-M.). - Depuis treize ans, douleurs rhumatismales intermittentes du genou droit. Il y a cinq ans, crise plus violente que de coutume : la jambe enfle en même temps que le genou; puis la partie inférieure de ce membre s'atrophie et la malade en est réduite à marcher très péniblement avec l'aide d'une canne ou d'une béquille.

Vient pour la première fois le 15 novembre 1917. Elle repart *sans béquille et sans canne.* Depuis elle ne se sert plus de sa béquille, mais quelquefois de sa canne. La douleur du genou se reproduit quelquefois mais elle est très légère.

Mme M…, à Einville . - Depuis six mois, douleurs dans le genou droit, accompagnées d'enflure, qui rendent impossible la flexion de la jambe.

Vient pour la première fois le 7 décembre 1917. Elle revient le 4 janvier 1918 en disant qu'elle ne souffre presque plus et qu'elle commence à bien marcher. Aussitôt après cette séance toute douleur a disparu, et la malade marche normalement.

FRAGMENTS DE LETTRES

Adressées à M. COUÉ

…Les résultats définitifs du certificat secondaire d'anglais ne sont affichés que depuis deux heures, et je me hâte de vous en faire part, en ce qui me concerne du moins. J'ai passé un oral *brillant;* je n'ai presque pas eu avant les épreuves de ces battements de cœur qui me causaient une sensation insupportable de nausée.

Pendant les épreuves, je me suis étonnée de mon propre calme, donnant à ceux qui m'écoutaient l'impression que je me possédais parfaitement. Enfin, ce sont justement les épreuves que je redoutais le plus qui ont contribué le plus à mon succès.

Le jury m'a classée deuxième, je vous suis infiniment reconnaissante de votre intervention qui m'a sûrement donné un avantage sur les autres candidates…

(Il s'agit d'une jeune fille qui, à cause d'un trac formidable, avait échoué en 1915. Le trac ayant disparu sous l'influence de l'autosuggestion elle a réussi et a été reçue deuxième sur plus de deux cents concurrentes).

Mlle V…, professeur au lycée.

*

* *

… C'est avec un bien grand plaisir que je vous adresse la présente pour vous remercier de tout cœur du grand bien que votre méthode m'a procuré. Avant que je n'aille vous trouver, j'avais grand'peine à faire cent mètres sans être essoufflé. Maintenant je parcours des kilomètres sans fatigue. Je fais plusieurs fois par jour et très aisément, en quarante minutes, la distance qui sépare la rue du Bord-de-l'Eau de la rue des Glacis, c'est-à-dire près de 4 kilomètres. L'asthme dont je souffrais tend à disparaître complètement.

Je vous prie d'agréer le témoignage de ma reconnaissance pour le grand bien que vous m'avez fait.

Paul C…, rue de Strasbourg, Nancy

*

* *

… Je ne sais comment vous remercier. Grâce à vous, Monsieur, je puis dire que je suis presque entièrement guérie, et j'attendais de l'être pour vous témoigner ma reconnaissance, mais je ne veux pas attendre plus longtemps.

J'étais atteinte de deux plaie variqueuses, dont une à chaque pied. L'ulcère du pied droit, qui était de la *largeur de la main,* est complètement *guéri.* C'est comme par enchantement que je l'ai vu disparaître.

Depuis des semaines je gardais le lit. Peu après que je m'étais mise à suivre votre méthode, l'ulcère s'est fermé, puis j'ai pu me lever. Celui du pied gauche n'est pas encore complètement guéri, mais la guérison ne tardera pas à se produire.

Aussi je récite matin et soir, et je réciterai toujours la phrase ordonnée dans laquelle j'ai une entière confiance.

Je dois vous dire aussi que je ne pouvais plus toucher mes jambes. Elles étaient aussi dures que de la pierre.

Maintenant je puis presser dessus sans la moindre douleur et je puis marcher.

Quel bonheur !…

Mme L…, Mailleroncourt-Charette (Haute-Saône).

*
* *

… Je viens vous dire toute ma reconnaissance. Grâce à vous, je viens d'échapper aux risques d'une opération toujours très dangereuse. Je dirai plus, vous m'avez sauvé la vie, car votre méthode d'autosuggestion a fait seule ce que n'avaient pu faire les médicaments et traitements ordonnés pour cette terrible obstruction intestinale dont je souffrais depuis 19 jours.

Depuis le moment où j'ai suivi vos instructions et appliqué vos excellents principes, mes fonctions se sont accomplies très naturellement.

Mme S…, Pont-à-Mousson.

*
* *

… Je sais comment vous remercier pour toute la joie que j'éprouve à être guérie. Depuis plus de quinze années je souffrais crises d'asthme. Toutes les nuits j'avais des étouffements très douloureux. Grâce à votre chère méthode et surtout après avoir assisté à l'une de vos séances, ces crises ont disparu comme par enchantement; c'est un vrai miracle, car plusieurs docteurs qui m'ont soignée m'ont tous certifié qu'il n'y a pas de guérison pour l'asthme.

Mme V…, Saint-Dié.

*
* *

J'attendais, pour vous écrire, d'avoir vu l'oncle de mon mari, le professeur M.., médecin-chef de l'hôpital Tenon. Grande a été sa surprise en voyant en bonne santé son neveu qui, depuis de 15 ans, ne passait pas une nuit sans étouffements. Nous avions tout essayé, toute la science médicale avec défilé, toutes les lumières n'avaient pu amener la guérison. Vous seul, cher Monsieur, avez réussi là où tous s'étaient déclarés impuissants. Oui, mon mari est bien. Il n'est pas encore radicalement guéri, mais songez qu'il y a 15 ans qu'il est malade.

Le docteur J.., stupéfait des résultats obtenus par votre méthode a dû vous écrire, et le docteur M... désire très vivement faire votre connaissance, lui qui est professeur à la Faculté depuis 20 ans. Il est heureux, si heureux de voir son neveu à peu près remis.

Lorsque de nouveau vous irez à Paris, il vous verra avec grand plaisir.

Le docteur B... vient aussi de temps en temps rendre visite à son ex-condamné, car c'est après avoir tout essayé que j'ai eu recours à vous.

Mme M..., Sens.

*

* *

... Je viens vous remercier de tout cœur de m'avoir fait connaître une méthode thérapeutique nouvelle, instrument merveilleux qui semble être la baguette magique d'une fée puisque, grâce aux moyens les plus simples, elle produit les effets les plus extraordinaires.

Très vivement intéressé tout d'abord par vos expériences, je me suis mis, depuis ma réussite personnelle, à appliquer avec passion votre méthode dont je suis devenu un adepte fervent et emballé.

Dr X...

*

* *

Depuis huit ans j'étais atteinte d'une descente de l'utérus. Depuis cinq mois que j'ai pratiqué votre méthode d'autosuggestion, je suis complètement guérie et je ne sais comment vous remercier.

Mme S..., Toul.

*

* *

... J'ai souffert atrocement pendant onze années sans interruption. J'avais chaque nuit des crises d'asthme, de l'insomnie et une grande faiblesse générale qui m'interdisait toute occupation; moralement j'étais triste, inquiète, tourmentée et grossissais à plaisir les moindres incidents de la vie. J'avais suivi maints traitements sans résultats ; même, j'avais subi, en Suisse, la résection des cornets moyens du nez sans obtenir la moindre amélioration. En novembre 1918, mon état s'aggravait à la suite d'un affreux malheur. Alors que mon mari était à Corfou (officier à bord d'un cuirassé) je perdais de la grippe, en six jours, notre fils unique, un délicieux enfant de dix ans qui faisait notre joie. Seule, désemparée, je me reprochais amèrement de n'avoir pas su protéger et sauver notre cher trésor. J'ai désiré devenir folle, mourir… Quand mon mari revint (en février seulement), il me conduisit chez un nouveau docteur qui ordonna beaucoup de remèdes et les eaux du Mont-Dore. Je passai le mois d'août dans cette station; à mon retour les crises d'asthme recommençaient et je constatais avec désespoir que « à tous points de vue » j'allais de mal en pis.

C'est alors que j'eus le plaisir de vous rencontrer. Sans en attendre grand bien, je dois le dire, je suivis vos conférences d'octobre et j'ai le grand bonheur de vous faire savoir que fin novembre j'étais guérie. Insomnie, oppression, idées noires ont disparu comme par enchantement. Je suis forte, vaillante, courageuse. Avec la santé physique j'ai recouvré l'équilibre moral et je pourrais dire, si mon cœur de mère ne saignait d'une inguérissable blessure, que je suis absolument bien.

Que ne vous ai-je rencontré plus tôt ? Mon enfant aurait connu une maman gaie et courageuse.

Merci, Monsieur Coué, merci mille fois.

Veuillez agréer l'expression de ma profonde reconnaissance.

E. I…, Paris.

*
* *

… Je puis continuer la lutte que je mène depuis 30 ans et qui m'avait brisée…

… J'ai trouvé en vous, en août dernier, une aide précieuse et providentielle. Venue pour quelques jours dans notre chère Lorraine, j'y arrivais l'angoisse au cœur et malade, je redoutais le choc que produirait la vision des ruines et des détresses… et je suis repartie réconfortée et vaillante… J'étais toute désemparée et j'ai le malheur de n'être pas pratiquante… Je cherchais à qui m'adresser pour obtenir du réconfort. Je vous ai rencontré par hasard chez ma cousine. Et vous avez été pour moi l'appui que je souhaitais.

Je travaille maintenant dans un autre esprit, et je suggère à mon inconscient de rétablir l'équilibre physique. Je ne doute pas de reconquérir ma bonne santé d'autrefois. Une amélioration très notable s'est déjà manifestée, et vous comprendrez mieux ma reconnaissance quand je vous dirai que, diabétique avec complication rénale, j'ai subi plusieurs crises de glaucome et que mes yeux reprennent leur souplesse (depuis, la vue est redevenue normale) et que l'état général s'est amélioré.

Mlle Th…, Ch…-s.-S…

*

* *

…Ma thèse a été soutenue avec succès et m'a valu la note maxima et les félicitations du jury. De tous ces « honneurs » une bonne part vous revient et je ne l'oublie pas. J'ai seulement regretté que vous ne soyez pas présent à cette soutenance. Votre nom a été prononcé avec sympathie, et plus que de la sympathie, par ce jury fort distingué. Vous pouvez estimer que votre doctrine a été accueillie à l'Université par la grande porte. Ne m'en remercier pas, car je vous dois beaucoup plus que vous ne me devez.

Ch. BAUDOUIN
professeur à l'Institut J.-J. Rousseau, Genève.

*

* *

… J'admire votre vaillance et suis assuré qu'elle contribuera à donner à beaucoup d'esprits une orientation intelligente et utile.

Je vous avouerai que j'ai personnellement profité de vos enseignements et que j'en fais profiter ma clientèle. À la clinique, nous nous efforçons de créer cette application collective et avons déjà, dans cette voie, obtenu quelques résultats appréciables.

Docteur BERILLON, Paris

*

* *

… Que devez-vous penser de moi ? Que je vous oublie. Oh ! non, soyez-en sûr, je vous garde une affection reconnaissante absolue, et je tiens à vous répéter que vos enseignements me sont de plus en plus efficaces, que je ne passe pas un jour sans employer l'auto-suggestion avec de plus en plus succès et que je vous bénis chaque jour, car votre méthode est la *vraie*. Grâce à elle, je me domine chaque jour davantage; je m'assimile chaque jour votre bonne direction et je sens que je vais *mieux*;… je me dis que vous reconnaî-triez difficilement en cette dame allègre, quoique âgée de 66 ans, cette pauvre per sonne qui était si souvent dolente et qui n'a commencé à se bien porter que grâce à vous et à votre direction. Aussi soyez béni, cher Monsieur, car la plus douce chose est de faire du bien autour de soi. Vous en faites beaucoup, moi j'en fais un peu et j'en bénis le bon Dieu.

Mme M…, Cesson-Saint-Brieuc.

*
* *

… Me sentant de mieux en mieux depuis que je suis la méthode de l'autosuggestion, je tiens à vous en remercier bien sincèrement. La lésion aux poumons a disparu, le cœur va mieux, plus d'albumine, en un mot, je me sens très bien.

Mme L…, à Richemont.

*
* *

… Votre opuscule et votre conférence nous ont beaucoup intéressés. Il serait désirable pour le plus grand bien de l'humanité que leur publication soit faite en plusieurs langues, afin de pénétrer dans toute race et tout pays et atteindre ainsi un plus grand nombre de malheureux qui souffrent du mauvais emploi de cette toute puissante (et quasi divine) faculté, la première de l'homme, comme vous l'affirmez et le démontrez si lumineusement et si judicieusement, et qui est l'imagination. J'avais déjà lu bien des ouvrages sur la volonté et j'ai aussi tout un arsenal de formules, pensées, aphorismes, etc. Vos phrases sont définitives. Je ne pense pas qu'on ait jamais aussi intelligemment condensé en formules types des « comprimés de confiance en soi », comme j'appelle vos phrases curatives.

DON ENRIQUE C…, Madrid.

*

* *

… Comme vous le savez, je suis venu ici d'Afrique Orientale à cause d'une grande dépression nerveuse; mais j'avais de plus derrière l'oreille un ulcère qui suppurait depuis vingt-cinq ans, malgré les traitements de plusieurs docteurs dont l'un avait employé l'électricité.

Voici cinq semaines que je suis ici et, pendant ce temps je n'ai pas seulement tiré un grand bénéfice de votre méthode au point de vue de mon affection nerveuse, mais encore mon ulcère est presque complètement guéri, et si cela continue, il finira par disparaître tout à fait.

(Traduit de l'anglais.)   E. B…, Nancy.

*

* *

…C'est avec le plus grand plaisir que je vous remercie sincèrement et profondément du grand bien que m'ont procuré les dix précieuses minutes que vous m'avez si généreusement accordées samedi dernier.

Depuis des années, je souffrais d'un lumbago, d'une grande dépression nerveuse, toujours en traitement sans aucun résultat. Après ma visite de samedi, ma douleur a complètement disparu et avec elle ma dépression nerveuse. Je me sens une tout autre femme et ma gratitude et mes remerciements vous accompagnent.

(Traduit de l'anglais.)   L. H…, New-York.

*

* *

… Je ne veux pas vous laisser quitter ce pays, où votre nom est béni, sans ajouter mes remerciements à ceux des nombreuses personnes que vous avez aidées, car moi aussi « je vais chaque jour de mieux en mieux ». Comme vous le savez, nous autres docteurs, nous sommes très lents à accepter les nouvelles découvertes, mais une fois que nous l'avons fait, nous les expérimentons jusqu'au bout. De voir chaque jour votre clinique où les malades recouvraient la santé, le courage, le goût de la vie, a été pour moi comme une inspiration. Votre traite- ment des bègues m'a surtout impressionné, car je les avais soignés pendant des mois la plupart du temps sans résultat, et j'ai été profondément étonné de les voir, comme par miracle, articuler distinctement, sans aucun effort. Et cela était durable, car je leur parlais lorsque vous n'étiez plus là, pensant que peut-être ils retomberaient, et ils continuaient à bien parler.

Je vous remercie encore, j'espère que vous vivrez longtemps et que vous reviendrez bientôt.

(Traduit de l'anglais.) Dr C..., New-York.

*

* *

... Je vous remercie bien sincèrement de m'avoir permis d'assister lundi dernier à vos séances si intéressantes d'autosuggestion, plus intéressantes peut-être pour un médecin qui a vu si souvent l'action de l'inconscient contrecarrer ses prescriptions. Je suis convaincu qu'un grand avenir est réservé à vos découvertes malgré la force de la routine et de l'ignorance.

Dr T..., Remiremont.

*

* *

... Je souffrais d'une neurasthénie fort aiguë depuis 2 ans .Grâce à votre excellente méthode, j'ai pu guérir, et cela très rapidement puisque, après la première séance, mon état s'était déjà modifié.

L'état physique s'est également amélioré et actuellement je me trouve très bien sous tous les rapports.

Mlle R..., Issy-les-Moulineaux.

*

* *

... Permettez-moi de vous adresser ces quelques lignes pour vous remercier du bon résultat que j'ai obtenu en lisant votre livre intitulé « La Maîtrise de soi-même. » Pendant plusieurs années, je souffrais de maux d'oreilles ainsi que de plusieurs autres malaises accompagnés d'un état nerveux qui me poussait à la folie d'en finir avec la vie. Ayant entendu parler de votre méthode, je ne tardai pas à me procurer votre livre. Au premier abord, je ne saisis pas, étant trop troublée par mon état nerveux, mais cela m'empêcha pas d'employer matin et soir la phrase «tous les jours, à tous points de vue, je vais de mieux en mieux». Tout de suite, je me sentis plus calme, mon esprit devint lucide et ce fut comme une révélation le jour où je saisis complètement votre méthode. Je l'ai analysée et si bien comprise que me voici guérie physiquement et surtout moralement. J'en éprouve un si grand bonheur que je ne puis résister au désir de vous en faire part.

Mme E. de R..., New-York.

*
* *

... Voici mes examens passés. Je me hâte de vous dire que j'ai complètement réussi, grâce à votre excellente méthode et aussi grâce à vous. Je n'ai été nullement émotionné comme c'était mon habitude et mes réponses ont été claires et précises.

C..., Marseille.

*
* *

... J'ai le plaisir de vous dire que, depuis septembre 1922, date où j'ai eu le plaisir de vous voir, mon fils n'a plus eu de crises d'asthme comme auparavant. Il se porte à merveille et dort très bien.

Mme L..., Lille.

*
* *

... Je vous écris pour vous remercier du grand bien que m'a procuré votre livre. J'étais atteint d'une dépression nerveuse qui déterminait chez moi une neurasthénie profonde. J'étais devenu incapable de diriger convenablement ma vie quand je vis une revue parlant de votre livre et je l'achetai. Je le lus et me mis à pratiquer la méthode d'autosuggestion y indiquée, ce qui me procura un bien immédiat. Maintenant je suis tout à fait frais, dispos et joyeux et je suis devenu optimiste.

J'ai passé votre méthode à de nombreuses personnes qui, pour la plupart, en ont tiré un grand profit. Plus j'y réfléchis, plus je suis émerveillé de son efficacité et de sa simplicité. Le pouvoir, pour ainsi dire, illimité que nous avons en nous-mêmes nous rend réellement maîtres de notre destinée.

P. F..., Canley Vale, Australie.

*

* *

... Au retour du voyage à Nancy, une amélioration s'était déjà produite chez ma fille, mais quelques petites rechutes sont survenues. Après chacune des rechutes, ma fille s'est ressaisie. Elle disait : « C'est un tour de mon inconscient mais cela passera. »

En effet, le mieux s'est produit, réel et durable. Depuis un mois surtout, ma fille redevient comme auparavant. Nous allons chez des amis, pas d'appréhension; elle va aussi chez le dentiste où, à plusieurs reprises, elle a dû attendre son tour, ce qu'elle fait avec la plus grande confiance, car elle a une foi absolue dans votre excellente méthode qui nous fait également à ma femme et à moi le plus grand bien.

F..., Auxerre.

*

* *

... J'ai souffert pendant trois ans d'épouvantables crises d'asthme qui me prenaient à peu près tous les mois et m'obligeaient à garder le lit pendant quinze jours; j'étais alors dans l'impossibilité complète de faire le moindre mouvement sans éprouver de grandes souffrances. J'ai eu en septembre dernier la dernière crise. Je restai alors avec une oppression moins forte sans doute, mais presque continuelle, et pour cette raison, très pénible. J'en arrivais parfois à regretter les crises aiguës qui du moins me laissaient entre elles quelques jours de répit. Toute nourriture augmentait l'oppression et j'avais le chagrin de ne pouvoir vivre de la vie de tout le monde. J'étais dans cet état depuis plus de quatre mois lorsque, vers le 15 janvier, l'on me fit connaître votre méthode. Après quelques jours d'hésitation et de doute, je me suis dit que, puisque d'autres avaient été guéris de la maladie dont je souffrais, il n'y avait pas de raison pour que je ne le sois pas aussi. Je me mis à répéter avec ardeur vingt fois matin et soir « tous les jours, à tous points de vue, je vais de mieux en mieux ». Dans la journée, tout en allant et venant je redisais souvent : « je vais mieux, je vais mieux, etc. ».

Émile Coué

Dix jours de l'application de cette méthode s'étaient à peine écoulés qu'un mieux très sensible se marquait dans ma respiration. Je respirais beaucoup plus librement.

Je continuai la méthode avec plus d'ardeur et de confiance que jamais. Le mieux s'est de plus en plus accentué depuis janvier et sans aucune rechute. Aujourd'hui, je suis presque complètement guérie. De loin en loin seulement, j'éprouve encore une légère oppression en montant une côte ou un escalier; mais j'espère bien faire disparaître tout à fait ces derniers mauvais souvenirs de ma maladie.

J'ai repris ma vie normale, je sors comme tout le monde, je fais des promenades de dix et quinze kilomè- tres dans la campagne sans essoufflement, je prends part à toutes les réunions de parents et d'amis, je puis voyager comme bon me semble, choses que je ne pouvais plus faire depuis près de quatre ans. Il me semble que je recommence une nouvelle vie…

Mlle M. C…, Bergues.

*

* *

… Au printemps de 1916, dans les tranchées de Loos, je fus frappé sur le côté gauche de la tête par un éclat de grenade, ce qui détermina une paralysie presque totale de mon côté droit. Je ne pouvais plus faire aucun mouvement ni avec la jambe droite ni avec le bras droit. Le goût et l'odorat étaient très émoussés et mon poids tombait à 98 livres. Ma mémoire était affaiblie et je parlais avec beaucoup de difficulté. Pendant les six années qui suivirent, je fus soigné dans différents hôpitaux, mais la paralysie résista aux massages, aux bains, à l'électricité, à la chaleur et à la lumière. Cependant, pendant ce laps de temps, mon poids remonta à 126 livres. En novembre 1921, je lus l'ouvrage de Charles Baudouin sur l'autosuggestion et aussitôt je me sentis attiré par l'œuvre de l'École de Nancy. Ma femme m'amena dans cette ville dans un fauteuil roulant, ce qui était mon mode de locomotion habituel, car je ne pouvais que très peu marcher à l'aide d'une canne et en traînant la jambe; en même temps, je portais mon bras droit en écharpe. À ma première visite, M. Coué me dit que ma guérison, si elle était possible, serait forcément très longue. Quoiqu'il ne l'avouât pas, il la croyait alors impossible. Il dit à ma femme de me faire de la suggestion la nuit, pendant mon sommeil. Tout de suite, mon appétit revint et je digérai tous mes aliments. Depuis ma blessure, je ne mangeais que très peu et je souffrais des nerfs. Je me mis à dormir huit heures toutes les nuits, tandis que dans les hôpitaux, j'avais dormi en moyenne deux heures. Pendant les trois premiers mois, mon poids augmenta d'environ 28 livres. Le goût et l'odorat commencèrent à revenir et ma femme remarqua que, pendant le sommeil, je faisais de légers mouvements avec mes doigts et ma jambe. Ce fut seulement en novembre 1922 qu'apparurent les premiers signes visibles d'amélioration de la paralysie. J'arrivai à soulever mon pied, je pus remuer tous les doigts et lever le bras.

Mes progrès se firent plus marqués de jour en jour et maintenant je me considère comme guéri. Je suis plus heureux que je ne puis le dire d'avoir retrouvé la santé là où je l'avais perdue, en France, et par l'aide d'un Français.

R..., New-York.

Nota. - Depuis que cette lettre a été écrite, la guérison est devenue complète : l'ex-malade peut actuellement danser et jouer au golf et au tennis.

*
* *

... Je suis venu à Nancy en octobre dernier et ai assisté à environ dix séances. Je souffrais d'une extrême faiblesse due à un trouble thyroïdien et aussi depuis quelque temps d'une grande anémie. Je me sentais trop malade et trop indifférent pour désirer revenir à la santé; néanmoins je commençai à pratiquer votre méthode. Je dois avouer que je n'obtins d'abord aucune amélioration sensible. Au bout de deux mois cependant, je me sentis tout à coup bien mieux et depuis ce moment l'amélioration s'est continuée lentement mais sans arrêt. Ma neurasthénie a complètement disparu et l'extrême faiblesse qui faisait de ma vie un fardeau a presque disparu. J'ai maintenant trente-deux ans et je puis dire que je me sens mieux que je ne me suis jamais senti depuis l'âge de quinze ans. Mon soulagement moral est considérable. Il n'y a plus maintenant de ces luttes au cours desquelles je me débattais désespérément en vain. Je vois clairement que votre méthode est le vrai moyen qui conduit aisément au succès.

L'ancien conflit entre mon imagination et ma volonté n'existe plus; celles-ci travaillent harmonieusement ensemble et le soulagement que j'éprouve est plus grand qu'on n'aurait pu jamais l'imaginer.

(Traduit de l'anglais.)   L. C..., Heckmondwike.

*

* *

... Je crois de mon devoir de vous écrire pour vous remercier du grand bien que vous m'avez fait. Depuis trois ans, je souffrais à un tel point de la vessie et de troubles utérins que la vie était devenue pour moi un fardeau. J'avais consulté plusieurs docteurs mais sans obtenir aucun soulagement. Un jour je reçu votre livre d'un ami qui avait profité merveilleusement de votre traitement et je bénis le jour où je connus votre méthode, car j'ai commencé à m'améliorer aussitôt. Voilà cinq mois que je suis votre traitement, maintenant je suis presque tout à fait bien et la vie me semble de nouveau digne d'être vécue. Je ne pourrai jamais assez vous exprimer mes remerciements. Tout ce que je puis faire, c'est de dire à ceux qui souffrent les résultats que j'ai obtenus grâce à votre méthode.

(Traduit de l'anglais.)   S. G..., Londres

*

* *

... J'étais atteinte depuis quatre ans d'une conjonctivite grave. J'étais allée voir plusieurs médecins, mais sans obtenir aucun ré-sultat. Le dernier que je suis allée voir m'a déclaré que ma maladie était incurable. Je suis cependant guérie maintenant grâce à votre méthode qui seule a réussi où tous les autres traitements avaient échoué.

Mme S. R..., Lunéville.

*

* *

... J'avais demandé un mois de congé pour assister à vos séances. J'avais tout le tube digestif malade ainsi que le système nerveux. Dès le début, le mieux a été très sensible, ce qui m'a fait abandonner complètement mon régime un peu imprudemment et m'a occasionné de nouveaux maux d'estomac et d'intestins. C'est à ce moment que j'ai quitté Nancy et que vous m'avez conseillé d'aller assister mercredi à la séance de Mlle Villeneuve. J'ai continué l'autosuggestion et suis maintenant *complètement débarrassée* d'une entérite vieille de quinze à dix-huit ans et de mes maux d'estomac. Mon système nerveux s'est un peu amélioré et malgré le surcroît de travail de fin d'année je vais beaucoup mieux que je n'ai été depuis des années.

Naturellement, je fais connaître la méthode aux gens susceptibles de la comprendre. J'en ai parlé avec chaleur à l'un des mes frères, médecin et sceptique par ignorance ou plutôt par connaissance incomplète de la méthode. Il a été très étonné du résultat obtenu, car il me voyait très malade depuis plusieurs années, m'avait radiographiée et connaissait le mauvais fonctionnement de mes organes.

E. Ch…, Paris

*
* *

… Personnellement, la science de l'autosuggestion, car je considère que c'est uniquement une *science*, m'a rendu de grands services; mais je dois à la vérité de déclarer que si je continue à m'y intéresser particulièrement, c'est parce que j'y trouve un moyen d'exercer la charité parfaite.

En 1915, lorsque j'ai assisté pour la première fois au cours de M. COUÉ, j'avoue que j'étais totalement incrédule.

Devant les faits, *cent* fois répétés en ma présence, j'ai dû me rendre à l'évidence et reconnaître que l'autosuggestion agissait toujours, à des degrés divers, bien entendu, sur les maladies organiques. Les seuls cas (et bien rares) où je l'ai vue échouer, sont des cas nerveux, des cas de neurasthénie ou de maladies imaginaires.

Inutile de vous redire ici que M. COUÉ, comme vous d'ailleurs, chère Mademoiselle, mais plus que vous encore, insiste sur ce point : « qu'il ne fait jamais de miracles, qu'il ne guérit personne, mais enseigne aux gens à se guérir eux-mêmes

Émile Coué

». J'avoue qu'à ce point de vue, je reste un peu incrédule, car si M. COUÉ ne guérit pas, il aide puissamment à la guérison, en rendant « du cœur » aux malades, en leur apprenant à ne jamais désespérer, en les relevant, en les menant... plus haut qu'eux-mêmes dans des sphères morales que la majorité de l'humanité, toute plongée dans le réalisme grossier, n'a jamais entrevues.

Plus j'approfondis la bonne autosuggestion, mieux je comprends la divine loi de confiance et d'amour que le Christ nous a prê-chée : « Aimer son frère ! » et, en donnant un peu de son cœur et de sa force morale, l'aider à se relever s'il est tombé, à se gué-rir s'il est malade. Voilà bien le « don de Dieu »dont Jésus par-lait à la Samaritaine. Voilà bien aussi, à mon point de vue chré-tien, l'application de la bonne autosuggestion que je considère comme une science bienfaisante et consolante qui nous fait mieux comprendre qu'étant tous les enfants de Dieu, nous avons en nous des forces insoupçonnées qui, bien dirigées servent à nous élever moralement et à nous guérir physiquement.

Que ceux qui ne connaissent pas ou connaissent mal votre science ne la jugent pas avant d'avoir vu les résultats qu'elle donne et le bien qu'elle fait.

Veuillez me croire votre fidèle admiratrice.

Mme D..., Nancy.

PENSÉES ET PRÉCEPTES DE M. COUÉ

L'homme est assimilable à un réservoir muni à la partie supérieure d'un robinet destiné à l'emplir et à la partie inférieure d'un autre robinet d'un diamètre un peu supérieur à celui du premier et destiné à le maintenir plein ou à le *vider*, selon qu'il est ouvert ou fermé.
Qu'arrive-t-il lorsque les deux robinets sont ouverts en même temps ? Évidemment le réservoir est toujours vide. Que se passe-t-il, au contraire, si le robinet inférieur reste fermé ? Le réservoir s'emplit peu à peu, puis il déborde d'une quantité égale à celle qu'il reçoit.
Que chacun donc tienne fermé le robinet inférieur, et pour cela,

qu'il ne gaspille pas sa force, qu'il fasse un mouvement là où il n'en faut qu'un seul et non pas vingt ou quarante, comme on le fait trop souvent, qu'il n'agisse jamais avec précipitation et qu'il considère comme *facile* la chose à faire du moment qu'elle est possible; en procédant ainsi, notre réservoir de force sera toujours plein, et ce qui déborde est plus que suffisant pour nos besoins si nous savons le ménager.

*

* *

Ce ne sont pas les années qui font la vieillesse, mais bien l'*idée* qu'on devient vieux; il y a des hommes qui sont jeunes à 80 ans et d'autres qui sont vieux à 40.

*

* *

L'altruiste trouve sans le chercher ce que l'égoïste cherche sans le trouver.

*

* *

Plus vous faites de bien aux autres, plus vous vous en faites à vous-même.

*

* *

Est riche qui se croit riche, pauvre qui se croit pauvre.

*

* *

Celui qui possède de grandes richesses devrait en consacrer une grande partie à faire le bien.

*

* *

Quand deux personnes vivent ensemble, les concessions dites mutuelles viennent presque toujours de la même personne.

*

* *

Voulez-vous ne jamais vous ennuyer ? Ayez plusieurs dadas. Quand vous serez fatigué de l'un d'eux, vous en enfourcherez un autre.

*

* *

L'hérédité existe surtout par l'idée qu'on se fait qu'elle est d'une réalisation fatale.

*

* *

Quiconque est né riche ne sait pas ce que c'est que la richesse; quiconque a toujours joui d'une bonne santé ignore le trésor qu'il possède.

Pour jouir de la richesse, il faut avoir mangé de la vache enragée; pour jouir de la santé, il faut avoir été malade.

*

* *

IL VAUT MIEUX NE PAS SAVOIR D'OÙ VIENT LE MAL ET LE FAIRE PASSER QUE DE LE SAVOIR ET DE LE CONSERVER.

*

* *

Simplifiez toujours sans jamais compliquer.

*

* *

Les stoïciens s'appuyaient sur l'imagination en ne disant pas : « Je ne veux pas souffrir », mais : « Je ne souffre pas ».

*

* *

On ne peut avoir qu'une idée à la fois dans l'esprit; les idées s'y succèdent sans se superposer.

*

* *

Je n'impose rien à personne, j'aide simplement les gens à faire ce qu'ils désireraient faire, mais qu'ils se croient incapables de faire. C'est non pas une lutte, mais une association qui existe entre eux et moi. Ce n'est pas moi qui agis, mais une force qui existe en eux et dont je leur apprends à se servir.

Ne vous inquiétez pas de la cause du mal, constatez simplement l'effet et faites-le disparaître. Peu à peu votre *inconscient* fera disparaître aussi la cause si cela est possible.

*

* *

Les mots « je voudrais bien » amènent toujours « mais je ne peux pas ».

*

* *

Si vous souffrez, ne dites jamais : « Je vais essayer de faire disparaître cela », mais : « Je vais faire disparaître cela » ; car lorsqu'il y a doute, il n'y a pas de résultat.

*

* *

La clef de ma méthode réside dans la connaissance de la supériorité de l'imagination sur la volonté.

Si elles vont dans le même sens, si l'ont dit : « Je veux et je peux », c'est parfait; autrement c'est toujours l'imagination qui l'emporte sur la volonté.

*

* *

Apprenons à cultiver notre caractère, apprenons à dire les choses promptement, clairement, simplement et avec une détermination calme : *parlons peu, mais clairement; ne disons que juste ce qu'il faut.*

*

* *

Cultivons l'empire sur nous-mêmes. Évitons la colère, car la colère use notre réserve d'énergie; elle nous affaiblit. Elle n'accomplit jamais rien de bon; elle ne fait que détruire et toujours elle est une obstacle au succès.

*

* *

Soyons calmes, doux, bienveillants, sûrs de nous, et de plus, sachons nous suffire à nous-mêmes.

Émile Coué

*

* *

L'inconscient dirige tout chez nous et le physique et le moral. C'est lui qui préside au fonctionnement de tous nos organes et même de la plus petite cellule de notre individu par l'intermédiaire des nerfs.

*

* *

Craindre la maladie, c'est la déterminer.

*

* *

C'est se faire illusion que de croire qu'on n'a plus d'illusions.

*

* *

Ne passez pas votre temps à chercher les maladies que vous pouvez avoir, car si vous n'en avez point de réelles, vous vous en créerez d'artificielles.

*

* *

Lorsque vous vous faites consciemment de l'autosuggestion, faites-la tout naturellement, tout simplement, avec conviction et surtout *sans aucun effort*. Si l'autosuggestion inconsciente et souvent mauvaise se réalise si facilement, c'est parce qu'elle est faite sans effort.

*

* *

Ayez la certitude d'obtenir ce que vous cherchez et vous l'obtiendrez, pourvu que cette chose soit raisonnable.

*

* *

Pour devenir maître de soi-même, il suffit de penser qu'on le devient… Vos mains tremblent, vos pas sont incertains, dites-vous bien que tout cela est en train de disparaître, et peu à peu cela disparaîtra.

*

* *

Ce n'est pas en moi qu'il faut avoir confiance, mais en vous-mêmes, car c'est en vous seul que réside la force qui vous guérira. Mon rôle consiste simplement à vous apprendre à vous servir de cette force.

*

* *

Ne discutez jamais des choses que vous ne connaissez pas : autrement vous ne direz que des sottises.

*

* *

Les choses qui vous semblent extraordinaires ont une cause toute naturelle; si elles vous paraissent extraordinaires, c'est que cette cause vous échappe. Lorsqu'elle vous est connue, il n'y a plus rien pour vous que de naturel.

*

* *

Quand il y a conflit entre la volonté et l'imagination, c'est toujours l'imagination qui l'emporte. Dans ce cas trop fréquent, hélas! non seulement nous ne faisons pas ce que nous voulons, mais le contraire de ce que nous voulons. Exemple : plus nous voulons dormir, plus nous voulons trouver le nom d'une personne, plus nous voulons nous empêcher de rire, plus nous voulons éviter un obstacle *en pensant que nous ne pouvons pas,* plus nous sommes surexcités, plus le nom nous fuit, plus n'otre rire éclate, plus droit nous courons sur l'obstacle.

C'est donc l'imagination et non la volonté qui est la première faculté de l'homme; aussi est-ce commettre une grave erreur que de recommander aux gens de faire l'éducation de leur volonté, c'est l'éducation de leur imagination qu'ils doivent faire.

*

* *

Les choses ne sont pas pour nous ce qu'elles sont, mais ce qu'elle nous semblent être; ainsi s'expliquent les té- moignages contradictoires de personnes qui se croient de bonne foi.

Émile Coué

*

* *

Se croire maître de ses pensées fait qu'on en devient maître.

*

* *

Chacune de nos pensées, bonne ou mauvaise, se concrète, se matérialise, devient, en un mot, une réalité, dans le domaine de la possibilité.

*

* *

Nous sommes ce que nous nous faisons et non pas ce que le sort nous fait.

*

* *

Quiconque part dans la vie avec l'idée « j'arriverai », arrive fatalement, parce qu'il fait ce qu'il faut pour arriver. Si une seule occasion passe près de lui, cette occasion, n'eût-elle qu'un cheveu, il la saisit par le seul cheveu qu'elle a. De plus, il fait souvent naître, inconsciemment ou non, les événements propices.

Celui qui, au contraire, doute toujours de lui-même (c'est M. Constant Guignard), n'arrive jamais à rien. Celui-là peut nager dans un océan d'occasions pourvues de chevelures absaloniennes, il ne les verra pas et ne pourra pas en saisir une seule, alors qu'il lui suffirait d'étendre la main pour le faire. Et s'il fait naître des événements, ce seront des événements nuisibles. N'accusez donc pas le sort, ne vous en prenez qu'à vous-même.

*

* *

On prêche toujours l'effort, il faut le répudier. Car qui dit effort dit volonté, qui dit volonté dit entrée en jeu possible de l'imagination en sens contraire, d'où, dans ce cas, résultat précisément contraire à celui que l'on cherche à obtenir.

*

* *

Toujours considérer comme facile la chose à faire, si celle-ci est possible. Dans cet état d'esprit, on ne dépensera de sa force que juste ce qui est nécessaire; si on la considère comme difficile, on dépense dix fois, vingt fois plus de force qu'il ne faut; autrement dit : on la gaspille.

*

* *

L'autosuggestion est un instrument dont il faut apprendre à se servir comme on le fait pour tout autre instrument. Un fusil excellent entre des mains inexpérimentées ne donne que de piètres résultats, mais plus ces mêmes mains deviennent habiles, plus facilement elles placent les balles dans la cible.

*

* *

L'autosuggestion consciente, faite avec confiance, avec foi, avec persévérance, se réalise mathématiquement dans le domaine des choses raisonnables.

*

* *

Si certaines personnes n'obtiennent pas de résultats satisfaisants avec l'autosuggestion, c'est, ou bien parce qu'elles manquent de confiance, ou bien parce qu'elles font des efforts, ce qui est le cas le plus fréquent. Pour se faire de la bonne suggestion, il est absolument nécessaire de ne faire *aucun effort*. Celui-ci implique l'usage de la *volonté* tandis que la volonté doit être nécessairement laissée de côté. C'est exclusivement à l'*imagination* qu'il faut avoir recours.

*

* *

Nombre de personnes qui se sont soignées en vain pendant toute leur vie s'imaginent qu'elles se trouveront immédiatement guéries par la suggestion. C'est une erreur, il n'est pas raisonnable de penser ainsi. Il ne faut demander à la suggestion que ce qu'elle doit produire normalement, c'est-à-dire une amélioration progressive, qui peu à peu se transforme en une guérison complète lorsque celle-ci est possible.

*

* *

Émile Coué

Les procédés employés par les guérisseurs se ramènent tous à l'autosuggestion, c'est-à-dire que ces procédés, quels qu'ils soient : paroles, incantations, gestes, mise en scène, ont pour effet de provoquer chez les malades l'autosuggestion de guérison.

*

* *

Toute maladie n'est pas simple mais double… (à moins qu'elle ne soit exclusivement morale). En effet, sur toute maladie physique vient se greffer une maladie morale. Si nous donnons à la maladie physique le coefficient 1, la maladie morale pourra avoir le coefficient 1, 2, 10, 20, 50, 100 et plus. Dans beaucoup de cas, celle-ci peut disparaître instantanément, et si non coefficient est très élevé, 100, par exemple, celui de l'affection physique étant 1, il ne reste plus que cette dernière, c'est-à-dire un cent unième de l'affection totale; c'est ce qu'on appelle un miracle, et cependant cela n'a rien de miraculeux.

*

* *

Contrairement à ce que l'on pense, les affections physiques sont généralement bien plus faciles à guérir que les maladies morales…

*

* *

…Buffon disait : « Le style, c'est l'homme ». Nous dirons, nous : « L'homme est ce qu'il pense ». La crainte de l'échec le fait presque sûrement échouer, de même que la pensée du succès le conduit au succès : les obstacles qu'il rencontre, il les surmontera toujours.

*

* *

La conviction est aussi nécessaire au suggestionneur qu'au suggestionné. C'est une conviction, c'est cette foi qui lui permet d'obtenir des résultats là où tous les moyens ont échoué.

*

* *

Ce n'est pas la personne qui agit; c'est la « Méthode ».

*

* *

Nous pouvons nous donner à nous-mêmes des suggestion plus fortes que qui que ce soit.

*

* *

...Contrairement à l'opinion généralement admise, la suggestion ou l'autosuggestion peut amener la guérison de lésions organiques.

*

* *

...On croyait autrefois que l'hypnotisme ne pouvait s'appliquer qu'au traitement des maladies nerveuses; son empire est bien plus vaste. En effet, l'hypnotisme agit par l'intermédiaire du système nerveux; mais le système nerveux domine tout l'organisme. Les muscles sont mis en mouvement par des nerfs; les nerfs régissent la circulation par leur action directe sur le cœur et par leur action sur les vaisseaux qu'ils dilatent ou contractent. Les nerfs agissent donc sur tous les organes, et par leur intermédiaire on peut porter son action sur tous les organes malades.

(Docteur Paul JOIRE, président de la Société universelle d'Études psychiques.)

*

* *

...Pour aider à guérir, l'influence morale a une valeur considérable. C'est un facteur de premier ordre qu'on aurait grand tort de négliger, puisque, en médecine, comme dans toutes les branches de l'activité humaine, ce sont les *forces morales* qui mènent le monde.

(Docteur Louis RENON, professeur agrégé à la Faculté de Médecine de Paris, médecin de l'hôpital Necker.)

*

* *

...La *patience* et la *persévérance,* qui sont des forces, doivent seules être employées.

*

* *

...Ne jamais perdre de vue la *(sic)* grand principe de l'autosuggestion : *Optimisme toujours et quand même malgré le démenti des événements !*

René DE BRABOIS.

*

* *

…La suggestion appuyée sur la foi est une force formidable!

(Docteur A. L., Paris)

*

* *

…Pour avoir et pour inspirer une confiance inaltérable, il faut pouvoir marcher avec l'assurance de la sincérité parfaite, et pour posséder cette assurance et cette sincérité, il faut voir au delà de son propre intérêt *le bien d'autrui.*

(*La Force en Nous*, par Ch. BAUDOUIN.)

CONSEILS, ENSEIGNEMENTS À SES ÉLÈVES ET DISCIPLES

Recueillis littéralement par Mme Émile LÉON

Les conseils à suivre pour déterminer de bonnes autosuggestions chez les malades sont courts mais suffisants quand ils sont bien suivis : *Être sûr de soi* et le montrer par le ton de sa voix, être très simple dans ses manières et dans la façon de s'exprimer, être cependant *très affirmatif* et sembler commander au malade.

*

* *

Ma suggestion générale, dite d'une voix monotone, détermine chez les malades une légère somnolence qui permet à mes paroles de mieux pénétrer dans leur inconscient.

*

* *

Faites que vos paroles encouragent chez le malade un sentiment de rapport amical et de confiance entière; il aimera les expériences et vous donnera toute l'attention dont vous aurez besoin. Après que vous aurez fait *naître* en lui une condition mentale telle qu'il se sente satisfait et en bonnes dispositions, et que vous lui aurez montré que vous êtes son *ami,* vous réussirez facilement.

*
* *

Quelle que soit la personne que vous ayez entre les mains, vous devrez en faire quelque chose et avoir la conciction *(sic)* absolue que vous en ferez quelque chose.

*
* *

Dites-vous bien que tous les rôles que vous désirez remplir, vous êtes capables de les remplir, non seulement convenablement mais supérieurement, à condition qu'ils soient raisonnables, naturellement.

*
* *

Lorsqu'on vous jettera un regard froid ou mécontent, ou que vous ne vous sentirez pas sympathique, cela ne vous troublera pas, ne vous enlèvera pas vos moyens habituels; cela les doublera au contraire, les triplera, vous exaltera et *vous vous direz* : « Cette personne à qui je ne suis pas sympathique va être attirée par moi, je lui deviendrai sympathique », et, d'autre part, toute manifestation hostile glissera sur vous et vous sera indifférente.

*
* *

Vous savez par la tradition que certains martyrs sont morts le sourires aux lèvres. Eh bien ! ces martyrs, malgré les supplices les plus atroces, ne souffraient pas. Ayant devant les yeux de leur imagination la couronne qui les attendait au ciel, ils éprouvaient à l'avance les joies célestes qui allaient être leur lot et ils ne sentaient rien.

*
* *

Émile Coué

Je ne dis pas de *paroles inutiles* et ne *permets* pas qu'on en dise. Vous êtes neurasthénique : je sais mieux que vous ce que vous avez, et vous souffrez beaucoup, (les neurasthéniques sont contents qu'on leur dise qu'ils souffrent), nous allons voir à vous guérir.

*

* *

Mettez-vous dans l'esprit que vous devez obtenir tel résultat et vous trouverez les moyens nécessaires pour y arriver, et *sans chercher*, ce qu'il y a de plus curieux. Si vous trouverez que c'est de votre devoir d'amener certaines personnes aux séances, vous trouverez des paroles pour les décider à venir, même pour leur en donner le désir.

*

* *

Plus je vais, plus je vois qu'il ne faut pas forcer même l'attention; je cherche à imiter la nature par l'observation. Plus un enseignement est simple et court, meilleur il est. Ne pas chercher à se faire des suggestions diverses : « Tous les jours, à tous points de vue, je vais de mieux en mieux », répond à tout.

Une personne avait une main fermée depuis de deux ans, malgré les traitements des médecins. Le docteur X… la lui a fait ouvrir instantanément, en mettant en elle la pensée : JE PEUX.

*

* *

Ne jamais plaindre une personne malade ! On me dira : «Oh! vous avez le cœur dur.» - C'est dans votre intérêt, cela vous ferait du mal que je vous plaigne.

*

* *

J'emploie des termes non pas vulgaires, mais familiers : ils ont plus de force.

*

* *

Parler de la voix basse de quelqu'un qui est habitué à être obéi.

CONSEILS, ENSEIGNEMENTS À SES ÉLÈVES ET DISCIPLES

68

*
* *

Je dis que notre voix est ce que nous la faisons, qu'elle est suscep-
tible d'être cultivée, que nous devons la cultiver et que quiconque
veut s'en donner la peine peut acquérir une bonne voix.

*
* *

Le sujet veut faire telle chose, mais, s'imaginant qu'il n'en
est pas capable, il fait exactement le contraire de ce qu'il veut.

Le vertige est un exemple frappant de ce que j'avance:

Une personne côtoie un précipice sur un sentier étroit, elle ne
pense d'abord à rien; brusquement l'idée lui vient qu'elle pourrait
peut-être tomber dans l'abîme. Si elle a le malheur de regarder de
ce côté, *elle est perdue;* l'image de la chute se fait dans son esprit,
elle se sent attirée par une force *invisible* qui augmente avec les
efforts qu'elle fait pour résister, elle y cède et va se briser au fond du
gouffre. Telle est la cause de la plupart des *accidents de montagne.*

CE QUI SE PRODUIT AU PHYSIQUE SE PRODUIT AUSSI AU
MORAL, ET LES PENSÉES MALSAINES SONT COMME UNE
SORTE D'ABÎME QUI DÉTERMINE LA CHUTE DE CELUI
QUI NE SAIT PAS S'Y SOUSTRAIRE.

*
* *

L'influence de l'esprit sur le corps existe, j'ajouterai même qu'elle
est infiniment plus grande qu'on ne le pense communément. Elle est
immense, *incommensurable*: nous la voyons déterminer quelquefois des contractures ou des paralysies qui peuvent n'être que passa-
gères, mais qui aussi peuvent durer toute la vie, si des circonstances
particulières ne viennent pas changer l'état psychique des malades.

Témoin une femme à Paris, enfermée dans sa chambre depuis 11
années, que j'ai fait lever, marcher et courir.

*
* *

Émile Coué

Je ne veux pas dire que la volonté n'est pas une force. Au contraire, c'est une grande force; mais elle se *retourne* presque toujours contre nous. Il faut vous mettre dans cet état d'esprit : « Je désire telle chose et je suis en train de l'obtenir », et comme vous ne faites pas d'*efforts,* vous réussirez.

*

* *

Vous vous créez des symptômes que vous *imaginez* être ceux de la maladie que vous *croyez* avoir. Dites à votre mal :

« TU M'AS EU, TU NE M'AURAS PLUS. »

*

* *

Répétez 20 fois, matin et soir : « *Tous les jours, à tous points de vue, je vais de mieux en mieux,* » c'est le même remède pour tout le monde, et si simple et facile,*trop simple !* n'est-ce pas ? et pourtant, ceci est très important : si vous avez la *pensée* que vous êtes malade, vous le *serez;* si vous *pensez* que la guérison vient, elle se produit.

Et c'est la certitude qui fait qu'on l'obtient, non pas l'espérance.

*

* *

Il est très facile aux parents de faire disparaître les défauts chez les enfants et de faire apparaître les qualités opposées, et ils y réussissent en leur répétant toutes les nuits 20 ou 25 fois, durant leur sommeil, ce qu'ils désirent d'eux : que les mamans et les papas considèrent cela comme un devoir vis-à-vis de leurs enfants; c'est une nourriture physique, et ils ont soin de leur donner à manger...

*

* *

L'éloge est un stimulant, mais non quand il est exagéré. Le re-proche est un stimulant pour l'individu; à continuer, *le reproche paralyse.* J'emploie des circonlocutions qui ne peuvent pas blesser, j'englobe le reproche dans une phrase; les gens n'en prennent pas ombrage, parce qu'ils sentent bien que je ne leur fais pas de reproches. On se fait les reproches à soi-même; quand d'autres vous les font, ils vous irritent. Je ne fais pas de reproches, JE

CONSTATE.

*
* *

27-2-1917. Oui, depuis hier, j'ai franchi le cap de la soixantaine et suis en train de devenir septuagénaire, mais si une bombe ou un 380 ne me rencontre pas sur son chemin, je ne m'arrêterai pas là et les années me sembleront légères.

C'EST L'IDÉE QUE JE ME FAIS ET ELLE SE RÉALISERA.

UN APERÇU DES «SÉANCES» CHEZ M. COUÉ

Par Mme Émile LÉON

La ville vibre à ce nom, car de tous les rangs de la société on vient à lui et chacun est accueilli avec une bienveillance égale pour tous, ce qui est déjà un réconfort pour beaucoup; mais ce qui est profondément empoignant, c'est, à l'issue de la séance, de voir des gens qui, arrivés sombres, contractés, presque hostiles (ils souffrent) partent, comme tous les autres, détendus, joyeux, parfois rayonnants (ils ne souffrent plus !) - Avec une bonhomie souriante et forte dont il a le secret, M. Coué tient, pour ainsi dire, le cœur de tous ses consultants dans sa main; il s'adresse successivement aux nombreuses personnes qui viennent à ses séances et leur parle en ces termes :

« Eh bien! Madame, qu'est-ce que nous avons ?...

« Oh! vous cherchez trop les pourquoi et les parce que; que vous importe la cause de votre douleur ? Vous souffrez, cela suffit... Je vous apprendrai à faire passer cela...

« Et vous, Monsieur, votre plaie variqueuse va déjà mieux. C'est bien, c'est très bien, savez-vous, pour deux fois que vous êtes venu; je vous félicite du résultat obtenu. Si vous continuez à bien faire votre autosuggestion, vous ne tarderez pas à être guéri... Il y a dix ans que vous avez cette plaie, dites-vous ? Qu'est-ce que cela peut faire ? Vous l'auriez depuis vingt ans et plus qu'elle se guérirait tout de même.

Émile Coué

« Et vous, vous n'avez obtenu aucune amélioration?… Savez-vous pourquoi ? Tout simplement parce que vous manquez de confiance en vous. Quand je vous dis que cela va mieux, cela va mieux, n'est-ce pas ? Pourquoi ? Parce que vous croyez en moi. Croyez donc en vous-même et vous obtiendrez le même résultat.

« Oh! Madame, pas tant de détails, je vous en prie. En cherchant les détails, vous les créez, et il faudrait une liste longue d'une aune pour contenir toutes les choses dont vous souffrez. En somme, c'est le moral qui est malade chez vous. Eh bien ! mettez-vous dans l'esprit qu'il est en train de se guérir et il se guérira. Je vous apprendrai à le faire. C'est d'une simplicité évangélique…

« Vous avez des crises nerveuses tous les huit jours. C'est bien : à partir d'aujourd'hui vous ferez ce que je vous dirai et vous ne les aurez plus.

« Vous êtes constipée depuis longtemps? Qu'est-ce que cela peut faire? Il y a quarante ans, dites-vous? J'ai bien entendu; mais il n'en est pas moins vrai que vous pouvez être guéri demain; vous m'entendez, demain, à la condition, naturellement, de faire exactement ce que je vous dirai de faire et comme je vous dirai de le faire…

« Ah ! vous avez un glaucome, Madame. Pour cela, je ne puis vous promettre la guérison, car je n'en suis pas sûr. Mais cela ne veut pas dire que vous ne guérirez pas, car j'ai vu le cas se produire chez une dame de Chalon-sur-Saône et une autre de Toul…

« Eh bien ! Mademoiselle, puisque vous n'avez pas eu vos crises nerveuses depuis que vous êtes venue, alors que vous en aviez tous les jours, vous êtes guérie maintenant. Revenez quelquefois néanmoins pour que je vous maintienne dans la bonne voie…

« Votre oppression disparaîtra avec les lésions qui disparaîtront

UN APERÇU DES «SÉANCES» CHEZ M. COUÉ

quand vous assimilerez bein *(sic)* : cela va venir, mais il ne faut pas mettre la charrue devant les bœufs…; il en est de l'oppression comme des affections du cœur, elle diminue généralement très vite…

« La suggestion ne vous empêche pas de suivre votre traitement habituel… Et pour la tache que vous avez sur l'œil, elle se guérit peu à peu, l'opacité et la grandeur diminuent chaque jour…

À un enfant (net et impératif) : « Ferme les yeux, je ne te parle pas de lésions ni d'autre chose, tu ne comprendrais pas; le bobo que tu as dans la poitrine s'en va, tu n'a plus envie de tousser. »

(Explication) : Il curieux de constater que tous les bronchiteux chroniques sont immédiatement soulagés et que leur symptômes morbides disparaissent rapidement.

Les enfants sont des sujets très faciles et très obéissants; presque toujours leur organisme obéit immédiatement à la suggestion.

À une personne qui se plaint de fatigue :

« Eh bien ! moi aussi; il y a des jours où cela me fatigue de recevoir, je reçois tout de même et toute la journée. Ne dites pas : « *Je ne peux pas m'en empêcher. On peut toujours se surmonter.* »

(Explication) : L'idée de fatigue entraîne nécessairement la fatigue et l'idée d'un devoir à accomplir donne toujours la force *nécessaire* pour le remplir; l'esprit peut et doit rester maître de la bête.

« Cette cause qui vous empêche de marcher, quelle qu'elle soit, doit tendre à disparaître petit à petit; vous connaissez le proverbe : *Aide-toi; le ciel t'aidera.* Restez debout deux ou trois fois par jour en vous appuyant sur deux personnes et dites-vous bien, *non que vos reins sont trop faibles, mais que vous pourrez…*

« Après avoir dit : Tous les jours, à tous points de vue, je vais de mieux en mieux, ajoutez : les personnes qui me poursuivent ne *peuvent* plus me poursuivre, elles ne me poursuivent plus...

« Ce que je vous disais est bien vrai; il vous a suffi de penser que vous n'aviez plus mal pour que le mal disparaisse; *ne pensez donc pas qu'il peut revenir, car il reviendrait...*

(Une femme à demi-voix : « Il a de la patience, quel homme dévoué ! »)

- TOUT CE QUE NOUS PENSONS DEVIENT VRAI POUR NOUS. IL NE FAUT DONC PAS SE PERMETTRE DE PENSER MAL.

« Pensez : MON MAL S'EN VA, COMME VOUS PENSEZ QUE VOUS NE POUVEZ PLUS OUVRIR LES MAINS.

Plus vous dites : *je ne veux pas,* plus la chose se produit. Il faut dire : *cela s'en va,* et le penser. Fermez le poing et pensez bien : *je ne peux plus ouvrir,* essayez ! (le sujet ne le peut pas), vous voyez ce qu'elle vous fait votre volonté !

(Explication) : Ceci est le point essentiel de la Méthode. Pour se faire de la suggestion, il faut éliminer complètement la *volonté* et ne s'adresser qu'à l'*imagination,* afin d'éviter entre ces deux forces une lutte dont la volonté sortirait vaincue.

« Affirmer qu'on prend des forces en prenant des années, peut sembler paradoxal, et cependant, cela est vrai.

« Pour le diabète employez d'abord les moyens thérapeutiques; je veux bien vous faire de la suggestion, mais je ne vous promets pas de vous guérir.

(Explication) : J'ai vu plusieurs fois le diabète se guérir complètement, et, chose plus extraordinaire encore, l'albumine diminuer et même disparaître de l'urine de certains malades.

UN APERÇU DES «SÉANCES» CHEZ M. COUÉ

« Cette hantise est un véritable cauchemar. Les gens que vous détestiez deviennent vos amis, vous les aimez et ils vous aiment.

« Ah! mais *vouloir* et *désirer* ce n'est pas la même chose.

Après avoir prié les malades de fermer les yeux, M. COUÉ leur adresse le petit discours suggestif que l'on trouvera dans la « Maîtrise de Soi-même ». Ensuite, s'adressant de nouveau à chacun en particulier, il lui dit quelques mots sur son cas :

Au 1er : « Pour vous, Monsieur, qui avez des douleurs, je vous dis qu'à partir d'aujourd'hui quelle que soit la cause qui les détermine, qu'on l'appelle arthritisme ou qu'on lui donne tout autre nom, votre inconscient fait le nécessaire pour qu'elle disparaisse peu à peu, et la cause disparaissant, les douleurs vont s'atténuer progressivement, et dans peu de temps elles n'existeront plus qu'à l'état de souvenir. »

À la 2e personne : « Votre estomac fonctionne mal, il est plus ou moins dilaté. Eh bien ! comme je vous l'ai dit tout à l'heure, les fonctions du tube digestif vont s'effectuer de mieux en mieux, et j'ajoute que votre dilatation d'estomac va disparaître peu à peu. Progressivement votre organisme va redonner à votre estomac la force et l'élasticité qu'il avait perdues, et au fur et à mesure que ce phénomène se produira, l'estomac se rapprochera de sa forme primitive et exécutera de plus en plus facilement les mouvements voulus pour faire passer dans l'intestin les aliments qu'il renferme. En même temps la poche formée par l'estomac relâché diminuera de volume, les aliments ne stagneront plus dans cette poche, et, par conséquent, les fermentations finiront par disparaître totalement. »

À la 3e : « Pour vous, Mademoiselle, je vous dis que, quelles que soient les lésions que vous pouvez avoir au foie, votre organisme fait le nécessaire pour que ces lésions diminuent chaque jour et, au fur et à mesure qu'elles se cicatrisent, les symptômes dont vous souffrez vont en s'atténuant et en disparaissant. Votre foie fonctionne donc d'une manière de plus en plus normale, il sécrète une bile alcaline et non plus acide, en quantité voulue, de qualité voulue, qui trouve son écoulement naturel dans l'intestin et favorise la digestion intestinale... »

À la 4e : « Mon enfant, tu m'entends bien : chaque fois qu'une crise semblera vouloir venir, tu entendras ma voix qui te dira aussi promptement que l'éclair : non. non, mon ami, tu n'auras pas ta crise, et celle-ci disparaîtra avant d'être venue... »

À la 5e : « Je vous ai dit et je vous répète, Monsieur, que votre plaie variqueuse doit se guérir; à partir d'aujourd'hui il va se former au fond de votre plaie une série de bourgeons charnus accolés les uns aux autres qui, en grandissant peu à peu, vont combler le trou existant. En même temps les rebords de cette plaie se rapprocheront dans tous les sens, aussi bien en hauteur qu'en largeur. Il arrivera donc un moment où ses rebords se toucheront, ne formeront plus qu'un point ou qu'une ligne, ce point ou cette ligne se cicatrisera et la guérison sera obtenue. »

À la 6e : « Vous avez une hernie, dites-vous. Eh bien ! elle peut, elle doit se guérir. Votre inconscient va faire en sorte que la déchirure qui existe dans votre péritoine se cicatrise peu à peu. Le trou deviendra chaque jour de moins en moins large, finalement il se fermera complètement et vous n'aurez plus de hernie. »

À la 7e : « Quant à vous, Monsieur, qui avez une affection des yeux que je crois guérissable, je vous dis qu'à dater d'aujourd'hui les lésions que vous avez dans les yeux vont commencer à se guérir, et, au fur et à mesure qu'elles se guériront, vous constaterez que vos yeux deviennent meilleurs, que vous voyez de plus en plus loin et de plus en plus nettement. »

À la 8e : « Vous avez, m'avez-vous dit, un eczéma (ou une affection de la peau). Cette affection doit disparaître rapidement, je dis rapidement, vous m'entendez. Donc, la cause qui détermine cette affection va disparaître peu à peu et, naturellement, la cause disparaissant, le mal va disparaître en même temps. Si vous éprouvez dans les partie malades, de la cuisson, de la démangeaison, de la brûlure, vous constaterez que ces symptômes diminuent tous les jours; s'il y a du suintement, ce suintement va devenir chaque jour de moins en moins abondant, et enfin, au fur et à mesure que votre épiderme tombera sous forme d'écailles nacrées, ressemblant plus ou moins à du son, il se trouvera remplacé par un épiderme souple, de coloration normale qui donnera à la peau la souplesse et la coloration qu'elle doit avoir normalement. »

À la 9e : Explication analogue pour le rein flottant et la descente de l'utérus dont les ligaments allongés reprennent progressivement leur longueur primitive.

À la 10e : « L'inflammation intestinale (entérite) dont vous souffrez diminue peu à peu et, en même temps, les glaires et les membranes qui accompagnent parfois vos matières deviennent de plus en plus rare rares, jusqu'au jour où elles auront complètement disparu et où la guérison sera venue. »

À la 11e : « Votre sang devient chaque jour de plus en plus riche, de plus en plus rouge, de plus en plus généreux; il reprend de plus en plus les caractères du sang d'une personne qui se porte bien. Dans ces conditions l'anémie disparaît peu à peu en entraînant avec elle le cortège d'ennuis qu'elle traîne à sa suite. »

À la 12e : « Chaque fois que vous commencez à éprouver de la douleur, *tout de suite, tout de suite : « Ça passe »*, vite, très vite, comme un feu de barrage; il faut que vous appreniez à vous servir de l'autosuggestion et quand vous aurez eu plusieurs leçons, vous n'aurez plus besoin de moi; à moins que vous ne *croyiez* que vous en avez encore besoin. »

À la 13e : « Les expériences sont très réussies. Si vous n'obtenez pas le sommeil, c'est que vous faites des efforts; il vous suffit de dire : « Je vais dormir, je vais dormir », en bourdonnant comme une abeille qui vole, et si ce procédé ne réussit pas, c'est que vous l'employez mal. »

À la 14e : « Tout ce qui est *périodique, on se le donne:* à un certain moment toutes les dames avaient des vapeurs; elles avaient entendu dire à 10 ans et après : la tante Gertrude ou la cousine Germaine en a eu; dès lors elles se disaient : « Moi j'en ai aussi. »

À la 15e : Dire : « Pourvu que je n'aie pas la migraine », c'est dire : « J'aurai la migraine ».

À la 16e: « Vous êtes constipée parce que vous pensez que vous l'êtes; si vous pensez le contraire, c'est le contraire qui se produira. »

À la 17e : « Vos frayeurs, vos phobies puériles doivent disparaître; vous avez en vous l'instrument de votre guérison : chassez-les, faites-les tomber comme les miettes d'une table. Personne au monde ne peut avoir d'influence sur vous que si vous le PER-MET-TEZ. »

Ne venez pas me dire la prochaine fois que cela ne va pas mieux, cela doit aller mieux, et n'employez jamais la volonté, ne prononcez pas le mot : « Je veux »; je vous le défends (si j'ai quelque chose à vous défendre). »

À la 18e : « *Si vous vous êtes cassé un os,* allez bien vite à l'hôpital, la suggestion ne remet pas les os, mais elle agit sur les organes, les muscles, etc. »

À la 19e : « Suivez-vous votre régime pour l'albumine? »

Sujet. - « Je n'aime pas le laitage. »

M. *Coué.* - « Eh bien! *Figurez-vous* que vous *l'aimez.* »

À la 20e : « Pour les démangeaisons (troisième visite) mettez-vous bien dans l'esprit qu'elles ne reviendront jamais. Si vous commencez à les *craindre*, elles*fondront* sur vous; et, même si vous allez bien, continuez à venir me voir de temps en temps pour que je vous donne le coup de fouet nécessaire pour vous maintenir dans le bon chemin. »

À la 21e : Sujet : - « On peut se forcer de penser, Monsieur ? »

M. *Coué :* - « On n'a pas besoin de se forcer en vivant la « Méthode », cela vient tout naturellement; c'est la même chose pour moi, vous savez. »

À la 22e : Sujet : - « Peux pas dire : J'peux pas quand je pense je peux ! »

M. *Coué :* - « Faites ce que je vous dis, c'est moi qui vous donne une leçon et non pas vous qui me la donnez. »

À la 23e : « Vous avez une bronchite et vous prenez des pastilles Valda pour vous calmer, vous faites bien. La suggestion fera disparaître les lésions. »

À la 24e : « Vous avez vu le docteur ? Suivez bien exactement le régime qu'il vous a dit de suivre. En même temps faites vous de la suggestion, l'un n'empêche pas l'autre, *au contraire,* et je vous en ferai aussi. »

À la 25e : « Il n'y a pas de guérisseur ici, mais un monsieur qui vous enseigne ce que vous devez faire pour vous guérir. »

À la 26e : « Quelle que soit la cause qui détermine les maux de tête dont vous souffrez, votre organisme fait en sorte que cette cause disparaisse progressivement, et, naturellement, au fur et à mesure qu'elle disparaîtra, vous constaterez que vos migraines sont de plus en plus rares, de moins en moins violentes jusqu'au jour prochain où elles auront complètement disparu.

Vous sentez, du reste, que chaque fois que ma main passe sur votre front, elle entraîne avec elle une partie de la douleur que vous éprouvez, et dans un instant, lorsque vous ouvrirez les yeux, vous constaterez qu'elle a complètement disparu. »

À la 27e : « J'étouffe, surtout à la chaleur. »

M. *Coué :* - « Vous avez vu le docteur ? »

Sujet : - « Dix docteurs. Ils ont dit : C'est nerveux, mais m'ont laissé mon mal. »

M. Coué : - « Oui, c'est nerveux, mais nous vous aiderons à le faire passer. »

Lorsque tout le monde a été passé en revue, M. COUÉ dit aux assistants d'ouvrir les yeux et il ajoute : « Vous avez entendu les conseils que je viens de vous donner. Pour les transformer en réalités, voici ce qu'il faudra faire:

Tous les matins, au réveil, et tous les soirs, aussitôt au lit, fermer les yeux et, *sans chercher à fixer son attention* sur ce que l'on dit, prononcer avec les lèvres, assez haut pour *entendre* ses propres paroles et en comptant sur une ficelle munie de vingt nœuds, la phrase suivante : « *Tous les jours, à tous points de vue, je vais de mieux en mieux* ». Les mots « *à tous points de vue* » s'adressant à tout, il est inutile d'avoir recours à des suggestion *particulières.*

Faire cette autosuggestion d'une façon aussi *simple,* aussi *enfantine,* aussi *machinale* que possible, par conséquent *sans le moindre effort.* En un mot, la formule doit être répétée sur le ton employé pour réciter des litanies.

De cette façon, l'on arrive à la faire pénétrer *mécaniquement* dans l'Inconscient par l'oreille et, quand elle y a pénétré, elle agit.

Suivre toute sa vie cette méthode qui est aussi bien préventive que curative.

UN APERÇU DES «SÉANCES» CHEZ M. COUÉ

De plus, chaque fois que dans le courant de la journée ou de la nuit l'on ressent une souffrance physique ou morale, s'*affirmer* à soi-même qu'on n'y contribuera pas consciemment et qu'on va la faire disparaître, puis s'isoler autant que possible, fermer les yeux, et, se passant la main sur le front, s'il s'agit de quelque chose de moral, ou sur la partie douloureuse, s'il s'agit de quelque chose de physique, répéter *extrêmement vite*, avec les lèvres, les mots : « *ça passe, ça passe, etc., etc.,* »aussi longtemps que cela est nécessaire. Avec un peu d'habitude on arrive à faire disparaître la douleur morale ou physique au bout de 20 à 25 secondes. Recommencer chaque fois qu'il en est besoin.

M. Coué ajoute encore ce qui suit : « Si, autrefois, il vous était permis de vous faire de mauvaise autosuggestion, parce que vous vous en faisiez inconsciemment, maintenant que vous savez ce que je viens de vous apprendre, vous ne devez plus vous le permettre. Et si, malgré tout, vous vous en faites encore, n'accusez que vous-même, et frappez-vous la poitrine en disant : « *mea culpa, mea maxima culpa.* »

Et maintenant, s'il est permis à une reconnaissante admiratrice de l'œuvre et du fondateur de la « Méthode » de dire quelques mots, je dirai :

Puisque M. E. Coué dit que c'est l'imagination qui nous fait agir et que c'est cela la base de sa « *Méthode* », je crois pouvoir ajouter : et le corps de l'édifice, ce sont les milliers de guérisons qu'il obtient, et son couronnement, couronnement magnifique, c'est ce noble aveu qui, en même temps qu'un bienfait pour les créatures est un hommage au Créateur : LE POUVOIR EST EN VOUS !.. EN CHACUN DE VOUS !…

Dès lors, chacun peut adapter la « Méthode » à ses croyances personnelles : religieuses, elle nous aidera à faire disparaître les obstacles que nous créons inconsciemment *nous-mêmes* entre DIEU et nous. Et pour les croyants, comme pour les sceptiques, libres penseurs, voire incroyants, elle nous apprendra à nous libérer de la douleur physique ou morale *injustifiée* par l'emploi si simple et si facile du merveilleux procédé de notre « animateur ».

Émile Coué

ÇA PASSE !

Quant à ceux qui rejettent la méthode, ignorant le secret de sa force, je leur demanderai une chose : « Rejetez-vous la lumière électrique parce que vous ignorez encore (comme les plus grands savants, d'ailleurs) ce que c'est que le courant dans le fil ?

Oh ! vous ne savez pas, vous ne pouvez pas savoir ce que cette « Méthode » bénie nous restituera physiquement et moralement.

MAIS EN LA VIVANT VOUS LA CONNAÎTREZ…

Elle vous aidera à remporter la victoire.

QUELQUES NOTES SUR LE VOYAGE DE M. E. COUÉ

À PARIS, EN OCTOBRE 1918

Le désir que ne soient pas perdus pour d'autres les enseignements énoncés par M. COUÉ, à Paris, en octobre dernier, m'incite à les écrire.

Laissant de côté, cette fois, les nombreux malades physiques, moraux, etc.., qui ont vu, sous son action bienfaisante, leur maux s'atténuer.., disparaître ! nous citerons simplement d'abord quelques-uns de ses enseignements :

Demande. - Pourquoi, moi, qui ai votre méthode et la prière, est-ce que je n'obtiens pas plus de résultats ?

M. C. - Parce que probablement, il y a, au fond de vous-même, un *doute inconscient* ou parce que vous faites des *efforts*. Or, rappelez-vous que l'effort est déterminé par la volonté; si vous faites entrer la volonté en jeu, vous risquez fort de faire entrer aussi en jeu l'imagination, mais dans le sens contraire, ce qui fait que vous obtenez juste le contraire de ce que vous cherchez.

82

D. - Que faire, quand quelque chose nous ennuie ?

R. - S'il vous arrive que quelque chose vous ennuie, *répétez-vous* tout de suite : « mais non, ça ne m'ennuie pas, mais pas du tout, du tout, cela m'est plutôt agréable ».

En somme « se montrer le coup » dans le bon sens au lieu de se le monter dans le mauvais.

D. - Les expériences préliminaires sont-elles indispensables quand un mouvement d'orgueil les fait repousser ?

R. - Non, elles ne sont pas indispensables, mais elles ont une très grande utilité; car, bien qu'elles puissent paraître quelque peu enfantines à certaines personnes, elles sont, au contraire, extrêmement sérieuses; elles prouvent, en effet, trois choses :

1°) Que toute idée que nous avons dans l'esprit devient *vraie* pour nous et a tendance à se transformer en acte;

2°) Que, quand il y a conflit entre l'imagination et la volonté, c'est toujours l'imagination qui l'emporte; et dans ce cas, nous faisons précisément le *contraire* de ce que nous voulons;

3°) Qu'il nous est facile de nous mettre dans l'esprit, *sans aucun effort*, l'idée que nous désirons avoir, puisque nous avons pu, sans effort, penser successivement : je ne peux pas, puis : je peux.

Ne pas répéter chez soi les expériences préliminaires; seul, on ne se met souvent pas dans les conditions voulues, on risque de ne pas les réussir, et dans ce cas, la confiance est ébranlée.

D. - Quand on souffre, on pense à son mal !

R. - Ne craignez pas de penser à votre mal; au contraire, pensez-y, mais pour lui dire :

Émile Coué

« Je ne te crains pas. »

Si vous entrez quelque part et qu'un chien se précipite sur vous en aboyant, regardez-le bien en face, il ne vous mordra pas; mais si vous le craignez, si vous lui tournez le dos, il aura vite planté ses crocs dans vos jambes.

D. - Mais si l'on s'en va ?

R. - Partez à reculons.

D. - Comment réaliser ce que l'on désire ?

R. - Vous répéter (sic) souvent ce que vous désirez, par ex.: « Je prends de l'assurance », et vous en prenez; « Ma mémoire s'améliore », et elle devient meilleure. « Je deviens absolument maître de moi », et vous le devenez.

Si vous dites le contraire, c'est le contraire qui se produira.

Ce que vous vous dites avec persistance et très vite *se produit* (dans le domaine des choses raisonnables, bien entendu).

Quelques témoignages :

- Une jeune femme à une autre dame : « Comme c'est simple; il n'y a rien à ajouter ! »

- Un éminent docteur parisien à de nombreux médecins qui l'entouraient : « Je me suis rallié complètement aux idées de M. Coué ».

- Un polytechnicien, critique sévère, définit ainsi M. Coué : « C'est une puissance ».

- Oui, c'est une puissance du bien. Impitoyable à la mauvaise autosuggestion « *défaitiste* », mais inlassablement dévoué, actif et

« TOUT À TOUS »

souriant pour venir en aide à tous, développer leur personnalité, et enfin leur enseigner à se guérir eux-mêmes, ce qui est la caractéristique de sa bienfaisante « Méthode ».

Comment ne pas désirer profondément que tous comprennent, saisissent la « bonne nouvelle » que M. Émile Coué apporte ? « C'est le RÉVEIL possible en chacun, du pouvoir personnel qu'il a *reçu* d'être heureux et bien portant ».

C'est, *s'il y consent,* le plein développement de ce pouvoir qui peut transformer sa vie.

Puis, et ne s'ensuit-il pas de plein droit que pour les initiés, c'est le devoir strict (qui est en même temps un bonheur) de répandre par tous les moyens qu'ils possèdent cette méthode bénie, dont les heureux résultats sont reconnus, vérifiés sur des milliers de personnes, de la faire connaître à ceux qui souffrent, qui pleurent, qui peinent.., à tous ! et de les aider à la mettre en pratique.

Puis, songeant à la France triomphante, mais meurtrie, à ses défenseurs vainqueurs mais mutilés, à toutes les douleurs physiques et morales qu'a amenées la guerre, puissent ceux qui en ont le pouvoir (« Le plus grand pouvoir qui ait été donné à l'homme est celui de faire le bien » [Socrate]), faire en sorte que l'inépuisable réservoir de forces physiques et morales que la « Méthode » met à notre portée devienne bientôt le patrimoine de toute la nation et par elle de l'humanité.

Mme Émile LÉON.

« TOUT À TOUS »

Par Mme Émile LÉON

Lorsqu'on a pu profiter d'un grand bien, que ce bien est à la portée de tous, mais hélas ! ignoré de presque tous, n'est-ce pas un devoir pressant, absolu pour les initiés, de le faire connaître autour d'eux ? Car tous peuvent s'approprier les incalculables résultats de la « Méthode Émile Coué ».

Faire disparaître le douleur, c'est beaucoup ! mais amener à la possession d'une vie nouvelle *tous* ceux qui souffrent, combien n'est-ce pas plus encore ?...

En avril dernier, à Paris, nous avons eu la visite de M. Émile COUÉ, et voici quelques-uns de ses enseignements :

D. - Demande d'une théiste :

« Au point de vue religieux, je trouve que c'est indigne de l'Éternel de faire dépendre notre obéissance à sa volonté de ce que M. COUÉ appelle un truc ou procédé mécanique : l'autosuggestion consciente. »

M. COUÉ. - « Qu'on le veuille ou non, notre imagination domine toujours notre volonté, quand elle est en conflit avec elle. Nous la conduisons dans le bon chemin que nous indique notre raison, en employant *consciemment* le procédé mécanique que nous employons *inconsciemment* pour nous conduire souvent dans le mauvais. »

Et l'interlocutrice songeuse se dit : « Eh ! oui, pourtant, dans ce domaine élevé, l'autosuggestion consciente a le pouvoir de nous libérer des obstacles *crées par nous- mêmes,* mais qui peut mettre un voile entre Dieu et nous, comme la *loque* suspendue à une fenêtre peut empêcher le soleil de pénétrer dans une chambre. »

D. - « Comment agir pour amener des êtres chers, qui souffrent, à se faire de bonne autosuggestion libératrice ? »

R. - « Ne pas insister, ni chercher à faire de la morale. Leur rappeler simplement que je leur recommande de se faire de l'autosuggestion avec la *certitude* d'obtenir le résultat cherché. »
D. - « Comment s'expliquer et expliquer aux autres que la répétition des mêmes mots : je vais dormir.., ça passe, etc., ait le pouvoir de produire de l'effet et surtout un effet assez puissant pour qu'il soit certain ? »

R. - « La répétition des mêmes paroles force à les penser et lorsqu'on les pense, elles deviennent vraies pour nous et se transforment en réalité. »

D. - « Comment conserver la maîtrise de soi-même intérieurement ? »

R. - « Pour être maître de soi-même, il suffit de le penser, et pour le penser on doit se le répéter souvent sans faire aucun effort. »

D. - « Et, extérieurement, garder toute sa liberté ? »

R. - « La maîtrise de soi-même s'applique aussi bien au physique qu'au moral. »

D. (Affirmation). - On ne peut être sans trouble ni tristesse si l'on ne fait pas ce que l'on doit, ce ne serait pas juste, et l'autosuggestion ne peut… ne doit pas empêcher une *souffrance juste.* »

M. COUÉ (profondément sérieux et très affirmatif) :

« Certainement, assurément, cela devrait ne pas être, mais cela est souvent… pour un temps tout au moins. »

D. - « Pourquoi ce malade guéri désormais avait-il sans cesse des crises terribles ? »

R. - « Il attendait ses crises, il les craignait !… donc il les *provoquait*; si ce monsieur se met bien dans l'esprit qu'il n'aura plus de crises, il n'en aura plus; s'il pense qu'il en aura, il en aura. »

D. - « En quoi votre méthode est-elle différente des autres ? »

R. - « Ce qui différencie ma méthode, c'est que ce n'est pas la *volonté* qui nous conduit, mais bien l'*imagination* qui en est d'ailleurs la base. »

D. - « Voulez-vous me donner un résumé de votre « méthode » pour Mme R… qui s'occupe d'une œuvre importante ? »

M. COUÉ. - « Voici en quelques mots le résumé de la « méthode » :

« Contrairement à ce que l'on enseigne, ce n'est pas notre volonté qui nous fait agir, mais notre imagination (être inconscient). S'il nous arrive souvent de faire ce que nous *voulons*, c'est que nous pensons en même temps que nous pouvons.

Émile Coué

« Dans le cas contraire, nous agissons précisément à l'inverse de notre volonté. Exemple : plus une personne qui a de l'insomnie *veut* dormir, plus elle est surexcitée; plus on *veut* trouver un nom que l'on croit avoir oublié, plus il vous échappe (il vous revient seulement quand vous remplacez dans votre esprit l'idée « j'ai oublié » par l'idée « cela va me revenir »); plus on veut se retenir de rire, plus le rire éclate; plus un débutant à bicyclette *veut* éviter un obstacle, plus il y court.

« Nous devons donc nous appliquer à conduire notre *imagination* qui nous conduit; de cette façon, nous arrivons facilement à devenir maîtres de nous-mêmes physiquement et moralement.

« Comment arriver à ce résultat ? Par la pratique de l'*autosuggestion consciente*.

« L'autosuggestion consciente est basée sur ce principe : toute idée que nous avons dans l'esprit devient vraie pour nous et a tendance à se réaliser.

« Donc, si l'on *désire* quelque chose, il suffit, pour l'obtenir au bout d'un temps plus ou moins long, de se répéter souvent que cette chose est en train de venir ou en train de disparaître, suivant qu'il s'agit d'une qualité ou d'un défaut, aussi bien au physique qu'au moral.

« On s'adresse à tout en employant matin et soir la formule générale : « Tous les jours, *à tous points de vue,* je vais de mieux en mieux. »

D. - « Pour les tristes... pour ceux que ont des douleurs ? »

M. C. - « Aussi longtemps que vous pensez : « Je suis triste ! » vous ne *pouvez* pas être gai, et pour penser quelque chose, il suffit, sans effort, de penser : Je pense cette chose...; quant à la douleur, elle disparaîtra, si violente qu'elle soit, cela je *peux* vous l'affirmer. »

Un homme arrive courbé, se traînant péniblement, appuyé sur deux cannes, son visage est d'une tristesse morne...

Et la salle se remplissant, M. COUÉ entre. Après avoir interrogé cet homme, il lui dit à peu près : « Bien, vous avez un rhumatisme depuis 32 ans et vous ne pouvez pas marcher. N'ayez crainte, il ne vous durera plus aussi longtemps. »

Et après les expériences préliminaires : « Fermez les yeux et répétez vivement, très vivement, avec les lèvres, les mots : Ça passe, ça passe (en même temps M. COUÉ passe sa main sur les jambes du malade, pendant 20 à 25 secondes). Maintenant vous ne souffrez plus, levez-vous et marchez (le malade marche) vite ! plus vite, encore plus vite! et puisque vous marchez si bien, vous allez courir; courez, Monsieur, courez. » Le malade court, joyeux, presque juvénile, à son grand étonnement, et aussi à celui des nombreuses personnes qui assistaient à la séance du 27 avril 1926 (Clinique du Dr *Bérillon*).

Une dame déclare : « Mon mari souffrait de crises d'asthme depuis de longues années, il étouffait, au point de craindre une issue fatale; son médecin, le docteur X.., l'avait abandonné. Il a été guéri presque radicalement de ses crises après une seule visite chez M. COUÉ.

- Une jeune personne vient remercier M. COUÉ avec une vive effusion. Son médecin qui était avec elle dans la salle, dit que l'anémie cérébrale dont elle souffrait depuis longtemps, qu'il n'arrivait point à enrayer par les procédés habituels, avait disparu comme par enchantement par l'emploi de l'autosuggestion consciente.

- Une autre personne, qui avait eu la jambe fracturée et ne pouvait marcher sans souffrir, ni boiter, put immédiatement marcher normalement. Plus de douleur, plus de claudication.

Et dans la salle, qui vibre, éclatent les témoignages joyeux de reconnaissance de nombre de personnes soulagées ou guéries.

- Un docteur : « L'arme de guérison, c'est l'autosuggestion ! » quant à ce philosophe (il le nomme) qui écrit : il s'appuie sur le *génie* de COUÉ.

- Un monsieur, ancien magistrat, à qui une dame demande son appréciation, s'écrie tout pénétré : « Je ne puis formuler aucune appréciation... je trouve cela admirable ! »

- Une femme du monde, exaltée par la disparition de ses souffrances : « O Monsieur COUÉ ! on voudrait se mettre à genoux devant vous !... »

- Une dame âgée : « Il est délicieux, lorsqu'on est âgée et fragile de faire succéder à un malaise général un rafraîchissement, un grand bien-être, et la « Méthode » de M. C... peut, je l'affirme, car je l'éprouve, produire cet heureux résultat, d'autant plus complet, plus durable, qu'il s'appuie sur la force toute puissante qui est en nous. »

- Une voix chaude de sympathie le nomma du nom modeste qu'il préfère à celui de « Maître » : M. le Professeur Coué.

- Une jeune femme entièrement conquise : M. Coué va droit au but, l'atteint sûrement, et, en libérant son malade, il porte à son comble la générosité et le savoir puisqu'il laisse au malade lui-même le mérite de cette libération et l'usage d'un merveilleux pouvoir. »

Un fin lettré, à qui une dame demande d'écrire un petit chef-d'œuvre sur la bienfaisante « Méthode », s'y refuse absolument et s'appuyant sur le simple mot, qui, employé selon la « Méthode », aide à la disparition de toute souffrance : « ÇA PASSE... », voilà le « chef-d'œuvre » affirme-t-il.

Et les milliers de malades, soulagés ou guéris, ne le contrediront pas !

- Une dame qui a beaucoup souffert déclare : « En relisant la « Méthode », de plus en plus je la trouve supérieure à tous les développements qu'elle inspire; vraiment, il n'y a rien à retrancher ni à ajouter à cette méthode.... mais seulement à la répandre ! Je le ferai dans toute la mesure possible. »
Et concluant maintenant, je dirai :

« Bien que la modestie de M. C... réponde à tous et à chacun :

« Je n'ai pas de fluide... »

« TOUT À TOUS »

« Je n'ai pas d'influence… »

« Je n'ai jamais guéri personne… »

« Mes disciples obtiennent les mêmes résultats que moi, etc.., »

je puis dire en toute sincérité :

« Ils y tendent, instruits par la *précieuse Méthode,* et quand, dans de longues, bien longues années, la voix vibrante de son auteur, rappelé là-haut, ne pourra plus l'enseigner ici-bas, la *Méthode,* son œuvre, contribuera à aider, secourir, consoler et guérir des milliers et des milliers d'êtres humains : elle doit être *immortelle,* et par la France généreuse, communiquée au monde entier… car le fin lettré avait raison, et sut d'un mot faire briller le vrai, cette aide simple et merveilleuse à la disparition de la souffrance :

« ÇA PASSE !!! »

Voilà le chef-d'œuvre !

B.G. Émile LÉON.

Paris, 6 juin 1920.

LE MIRACLE EN SOI

(Extrait de la Renaissance politique, littéraire et
artistique du 18 décembre 1920)
HOMMAGE A ÉMILE COUÉ

Dans le courant du mois de septembre 1920, j'ouvris pour la première fois le livre de Charles Baudoin, de Genève, professeur dans cette ville, à l'Institut J.-J. Rousseau.

Cet ouvrage s'appelle : « Suggestion et Autosuggestion ». L'auteur l'a dédié « *À Émile Coué, à l'initiateur et à l'homme de bien, en profonde reconnaissance* ».

Je le lus et ne quittai pas le volume avant d'avoir été jusqu'au bout.

C'est qu'il contient le très simple exposé d'une œuvre magnifiquement humanitaire, appuyée sur une théorie qui peut paraître enfantine tant elle se trouve à la portée de chacun. Et si chacun la met en pratique, il en découlera le plus grand bien.

Depuis plus de vingt ans d'inlassable labeur, Émile Coué, qui habite aujourd'hui Nancy, où il suivit naguère les travaux et les expériences Liébeault, père de la doctrine de la suggestion, depuis plus de vingt ans, dis-je, Coué ne s'est occupé que de cette question, mais tout spécialement pour amener ses semblables à cultiver l'*autosuggestion*.

Au commencement du siècle, Coué avait atteint le but de ses recherches, il avait dégagé la force immense et générale de l'autosuggestion. Après des expériences in- nombrables sur des milliers de sujets, *il montrait l'action du subconscient dans les cas organiques*. Ceci est nouveau, et le grand mérite de ce savant profondément modeste est d'avoir trouvé le remède à des maux terribles, réputés incurables ou douloureux à l'excès, sans espoir de soulagement.

Ne pouvant entrer ici dans de longs détails scientifiques, je dirai seulement comment le savant de Nancy exerce sa méthode.

Le résumé lapidaire de toute une vie de patientes recherches et d'observations continues, c'est une formule brève, à répéter le matin et le soir.

Il faut la dire à mi-voix, les yeux fermés, dans une position favorable à la détente musculaire, soit au lit, soit dans un fauteuil, et sur le ton employé pour réciter des litanies.

Ces paroles magiques, les voici :

« *Tous les jours, à tous points de vue, je vais de mieux en mieux.* »

On doit les prononcer vingt fois de suite, en s'aidant d'une corde à vingt nœuds, qui fait office de chapelet. Ce détail matériel a son importance, il assure la récitation machinale et c'est essentiel.

Pendant qu'on articule ces mots, *que le subconscient enregistre,* il ne faut penser à rien de spécial, ni à ses maladies, ni à ses peines, il faut être passif, avec le seul désir que tout soit pour le mieux. La formule « *à tous points de vue* » est d'un effet général.

Ce désir doit s'exprimer sans passion, sans volonté, avec douceur, *mais avec une confiance absolue.*

Car Émile Coué, au moment de l'autosuggestion, n'*appelle nullement la volonté, au contraire;* pas de volonté à cet instant-là, mais que l'*imagination,* le grand moteur, infiniment plus actif que celui qu'on invoque toujours, que l'imagination seule soit en jeu.

« Prenez confiance en vous, dit ce bon conseiller, croyez, croyez fermement que tout ira bien. » Et, en effet tout va très bien pour ceux qui ont la foi aveugle, fortifiée par la persévérance.

Comme rien ne vaut les faits, je vous raconterai ce qui m'est arrivé à moi-même, avant d'avoir jamais vu M. Coué .

J'en reviens donc à ce mois de septembre où j'ouvris le volume de M. Charles Baudoin. À la suite d'un exposé substantiel, l'auteur énumère la guérison de maladies telles que l'entérite, l'eczéma, le bégaiement, la mutité, une sinusite datant de vingt-cinq ans, et qui avait nécessité onze opérations, la métrite, la salpingite, les fibromes, varices, etc., enfin et surtout, les plaies tuberculeuses profondes et la *phtisie* (cas de Mme D.., de Troyes, âgée de 30 ans, devenue mère après sa guérison suivie sans rechutes). Ceci constaté souvent par les médecins traitants.

Ces exemples me frappèrent profondément, c'était là le miracle. Il ne s'agissait pas de nerfs, mais de maux que la médecine aborde sans succès. Cette guérison de la tuberculose me fut une révélation.

Atteinte depuis deux ans d'une névrite aiguë de la face, je souffrais horriblement. Quatre médecins, dont deux spécialistes, avaient prononcé la sentence qui suffirait à elle seule à cultiver le mal par son influence néfaste sur le moral : « Rien à faire! » Ce « rien à faire » avait été pour moi le principe de la pire des autosuggestions.

En possession de la formule : Tous les jours, à tous points de vue…, etc., je la récitai avec une foi qui, pour être venue subitement, n'en était pas moins capable de soulever des montagnes et jetant bas châles et écharpes, tête nue, je m'en allai au jardin sous le vent et la pluie en répétant doucement : « *Je vais être guérie,* il n'y aura plus de névrite, elle s'en va, elle ne reviendra pas, etc. » Le lendemain, j'étais guérie et plus jamais, depuis, je n'ai souffert de ce mal abominable qui ne me permettait plus de *faire un pas* dehors, au moindre vent, à la moindre humidité et me rendait la vie intenable. Ce fut une immense joie. Les incrédules diront : C'était nerveux. Évidemment, et je leur abandonne ce premier point. Mais, ravie du résultat, j'expérimentai la méthode de Coué au sujet d'un œdème de la cheville gauche, résultat d'une affection des reins réputée incurable. En deux jours, l'œdème avait disparu. J'agis au point de vue fatigue, dépression morale, etc., un mieux extraordinaire se produisit et je n'eus plus qu'une idée : aller à Nancy remercier mon bienfaiteur.

J'y fus donc et trouvai l'homme excellent, attirant par sa bonté et sa simplicité, qui est devenu mon ami.

C'était indispensable de le voir sur son terrain d'action. Il me convia à une séance populaire. J'entendis un concert reconnaissant. Les lésions pulmonaires, déplacements d'organes, l'asthme, le mal de Pott (!), la paralysie, toute cette horde funeste reculait. J'ai vu marcher une paralytique tordue et déjetée sur une chaise. Coué avait parlé, il réclamait la confiance, la grande, l'immense confiance en soi. Il disait : « Apprenez à vous guérir, vous le pouvez; moi je n'ai jamais guéri personne. C'est en vous qu'est le moyen, appelez votre esprit, faites-le servir à votre bien physique et moral, et il viendra, il vous guérira, vous serez fort et heureux. » Ayant parlé, Coué s'approcha de la paralytique : « Vous avez entendu, croyez-vous que vous allez marcher ? » - « Oui. » - « Eh bien, levez-vous ! » La femme se leva, elle marcha, fit le tour du jardin. Et le miracle s'accomplit.

Une jeune fille, atteinte du mal de Pott, dont la colonne vertébrale se redressait après trois visites, me dit son bonheur intense de se sentir renaître, alors qu'elle se croyait perdue.

Trois femmes, guéries de lésions pulmonaires, exprimaient leur enchantement d'être rendues au travail, à la vie normale. Coué, au milieu de ces gens qu'il aime, m'apparut comme un être à part, car cet homme ignore l'argent, tout son travail est gratuit et son désintéressement extraordinaire ne lui permet pas de jamais recevoir un centime. « Je vous dois quelque chose, lui dis-je, je vous dois même tout… - Non, seulement le plaisir de continuer à vous bien porter… »

Une irrésistible sympathie entraîne vers ce philanthrope bon enfant; bras dessus, bras dessous nous fîmes le tour du potager qu'il cultive lui-même, se levant tôt. Presque végétarien, il considère avec satisfaction les résultats de son travail. Et puis, la grave conversation reprend : « Vous possédez une puissance illimitée : l'esprit. Il agit sur la matière, si l'on sait le domestiquer. L'imagination est comparable à un cheval sans rênes; s'il traîne une voiture où vous vous trouvez, il peut faire toutes les sottises et vous tuer. Mais attelez-le convenablement, conduisez-le d'une main sûre, il va où vous voulez. Ainsi font l'esprit, l'imagination. Il faut les conduire pour notre bien. L'autosuggestion, formulée par les lèvres, est un ordre que le subconscient reçoit, il l'exécute à notre insu, et surtout la nuit : l'autosuggestion du soir est la plus importante, elle donne de merveilleux résultats.

« À cela, lorsque vous ressentez une douleur physique, ajoutez la formule : *Ça passe,* répétée très vite, dans une sorte de bourdonnement, en posant la main sur la partie souffrante, sur le front, s'il s'agit d'une peine morale.

Émile Coué

Car la méthode agit très efficacement sur le moral. Après avoir réclamé le secours de l'âme pour le corps, on peut le demander encore pour toutes les circonstances et difficultés de la vie. »

Là aussi, j'ai expérimenté que les événements se modifient singulièrement par ce procédé.

Vous le connaissez aujourd'hui.

Vous le connaîtrez mieux en lisant le livre de M. Baudoin, puis sa brochure : *La Force en Nous,* et, enfin, le petit traité succinct écrit par M. Coué lui-même : *La Maîtrise de soi-même.*

Si j'ai pu vous inspirer le désir de faire vous-mêmes le pèlerinage de Nancy, comme moi, vous aimerez l'homme unique, peut-être, par sa très noble charité, par son amour de ses frères, tel que le Christ l'a enseigné.

Et, comme moi, physiquement, moralement, vous serez guéris. La vie vous paraîtra meilleure, plus belle. Cela, n'est-ce pas, vaut bien la peine d'essayer !

M. BURNAT-PROVINS.

L'ÉDUCATION TELLE QU'ELLE DEVRAIT ÊTRE

Chose qui peut sembler paradoxale au premier abord, l'éducation de l'enfant doit commencer avant sa naissance. En effet, si une femme qui a conçu depuis quelques semaines se fait dans l'esprit l'image du sexe de l'enfant qu'elle mettra au monde, des qualités physiques et morales qu'elle désire lui voir posséder, et qu'elle continue, pendant le temps de la gestation, à se faire la même image, l'enfant aura vraisemblablement le sexe et les qualités imaginés.

Les femmes spartiates n'engendraient que des enfants robustes, qui devenaient plus tard des guerriers redoutables, parce que leur plus grand désir était de donner de tels hommes à la patrie : tandis qu'à Athènes les femmes avaient des enfants intellectuels chez lesquels les qualités de l'esprit l'emportaient de cent coudées sur les qualités physiques.

L'enfant ainsi procréé sera donc apte à accepter facilement les bonnes suggestions qui lui seront faites et à les transformer en autosuggestions qui détermineront plus tard la conduite de sa vie. Car il faut savoir que toutes nos paroles, tous nos actes ne sont que le résultat d'autosuggestions causées la plupart du temps par la suggestion de l'exemple ou de la parole.

Que doivent donc faire les parents et les maîtres pour éviter de provoquer de mauvaises autosuggestions et en provoquer de bonnes chez les enfants ? Être toujours avec eux d'une humeur égale, leur parler d'un ton doux, mais cependant ferme. On les amène ainsi à obéir sans même qu'ils aient la tentation de résister.

Surtout, surtout qu'on évite de les brutaliser, car on risque de déterminer chez eux l'autosuggestion de crainte, accompagnée de haine.

Éviter aussi avec soin de dire devant eux du mal de personnes quelconques, comme cela se fait souvent dans les salons où, sans en avoir l'air, on déchire à belles dents une bonne amie absente. Fatalement ils suivraient cet exemple funeste et pourraient quelquefois déterminer plus tard de véritables catastrophes.

Éveiller en eux le désir de connaître les choses de la nature et chercher à les intéresser en leur donnant très clairement toutes les explications possibles en employant un ton enjoué et de bonne humeur. Par conséquent, répondre à leurs questions avec complaisance, au lieu de les repousser en en leur disant : « Tu m'ennuies, laisse-moi tranquille, on t'expliquera cela plus tard. »

Sous aucun prétexte, ne jamais dire à un enfant : « Tu n'es qu'un paresseux, un propre à rien, etc. », parce que cela crée chez lui les défauts qu'on lui reproche.

Émile Coué

Si un enfant est paresseux et ne fait jamais que de mauvais devoirs, on devra lui dire un jour, alors même que cela n'est pas vrai : « Ah! aujourd'hui tu as mieux fait que d'habitude, c'est bien, mon petit. » L'enfant, flatté de cet éloge auquel il n'est pas habitué, travaillera certainement mieux la fois suivante et peu à peu, grâce à des encouragements donnés avec discernement, il arrivera à devenir réellement travailleur.

Éviter à tout prix de parler de maladies devant les enfants, ce qui pourrait en déterminer. Leur apprendre au contraire que la santé est l'état normal de l'homme et que la maladie est une anomalie, une espèce de déchéance que l'on évitera en vivant d'une façon sobre et réglée.

Ne pas créer de défauts chez eux, en leur apprenant à craindre ceci ou cela, le froid, le chaud, la pluie, le vent, etc., l'homme étant fait pour supporter tout cela impunément, sans en souffrir et sans se plaindre.

Ne pas rendre l'enfant craintif en lui parlant de Croquemitaine *(sic)* et de loups-garous, car la peur contractée dans l'enfance risque de persister plus tard.

Donc ceux qui n'élèvent pas eux-mêmes leur enfants doivent bien choisir les personnes auxquelles ils les confient. Il ne suffit pas que celles-ci aiment les enfants, il faut encore qu'elles aient les qualités que l'on désire que les enfants possèdent.

Éveiller en eux l'amour du travail et de l'étude, en les leur rendant faciles, en leur expliquant, comme je l'ai dit plus haut, les choses clairement et aussi d'une façon plaisante, en introduisant dans les explications quelque anecdote amusante qui fait désirer à l'enfant les leçons suivantes.

Leur inculquer surtout que le travail est indispensable à l'homme, que celui qui ne travaille pas d'une façon quelconque est un inutile, que tout travail procure à celui qui l'accomplit une satisfaction saine et profonde, tandis que l'oisiveté, tant rêvée par les uns, crée l'ennui, la neurasthénie, le dégoût de la vie, et conduit à la débauche et même au crime celui qui ne possède pas les moyens de satisfaire les passions qu'il s'est créées par l'oisiveté.

Enseigner aux enfants à être toujours polis et aimables vis-à-vis de tous et plus particulièrement envers ceux que le hasard de la naissance a placés dans une classe inférieure à la leur, à respecter la vieillesse et à ne pas se moquer des défauts physiques ou moraux qui sont souvent la conséquences de l'âge.

Leur apprendre que l'on doit aimer tout le monde, sans distinction de position sociale, qu'on doit être toujours prêt à secourir celui qui est dans le besoin et à ne pas craindre de dépenser son temps et son argent pour lui; que l'on doit en un mot songer plus aux autres qu'à soi-même; enfin qu'en agissant ainsi on éprouve, sans la chercher, une satisfaction intime que l'égoïste cherche toujours sans jamais la trouver.

Développer chez eux la confiance en eux-mêmes, leur apprendre qu'avant de faire une chose, on doit la soumettre au contrôle de la raison, en évitant d'agir d'une façon impulsive, et que, après l'avoir raisonnée, on doit prendre une décision sur laquelle on ne revient plus, à moins que l'on n'ait la preuve qu'on s'est trompé.

Leur apprendre surtout que chacun doit partir dans la vie avec l'idée bien précise, bien arrêtée, qu'il arrivera et que, sous l'influence de cette idée, il arrivera fatalement, non pas qu'il doive tranquillement attendre les événements, mais parce que, poussé par cette idée, il fera ce qu'il faut pour cela; il saura profiter des occasions ou même de l'unique occasion qui passera près lui, cette occasion n'eut-elle qu'un seul cheveu; tandis que celui qui doute de lui-même, c'est le Constant Guignard, à qui rien ne réussit, parce qu'il fait tout ce qu'il faut pour ne pas réussir. Celui-ci pourra nager dans un océan d'occasions pourvues de chevelures absaloniennes, il ne trouvera pas le moyen d'en saisir une seule, et il déterminera souvent les événements qui le feront échouer, alors que celui qui a en lui-même l'idée du succès fera naître quelquefois d'une façon inconsciente ceux qui détermineront le succès.

Mais surtout que les parents et les maîtres prêchent d'exemple. L'enfant est extrêmement suggestible. Tout ce qu'il voit faire, il le fait : donc les parents sont tenus de ne donner que de bons exemples aux enfants.

Dès que les enfants peuvent parler, leur faire répéter matin et soir, vingt fois de suite, la phrase : « Tous les jours, à tous points de vue, je vais de mieux en mieux, » qui déterminera chez eux une excellente santé physique et morale.

On aidera puissamment à faire disparaître les défauts de l'enfant et déterminer chez lui l'apparition des qualités opposées, en lui faisant de la suggestion comme il suit :

Toutes les nuits, lorsque l'enfant est endormi, s'approcher doucement de son lit de façon à ne pas l'éveiller, s'arrêter à environ un mètre de lui et lui répéter quinze à vingt fois de suite, à voix très basse (en murmurant) la ou les choses que l'on désire obtenir de lui.

Enfin il serait à souhaiter que chaque matin les maîtres fissent de la suggestion à leurs élèves de la façon suivante. Après leur avoir fait fermer les yeux, ils leur diraient : « Mes amis, j'entends que vous soyez toujours des enfants polis, aimables envers tout le monde et obéissants vis-à-vis de vos parents et de vos maîtres, et quand ceux-ci vous donneront un ordre ou vous feront une observation, vous tiendrez toujours compte de l'ordre donné ou de l'observation faite, sans que cela vous ennuie. Vous pensiez autrefois que quand on vous faisait une observation, c'était pour vous ennuyer : maintenant vous comprenez très bien que c'est dans votre intérêt seul qu'on vous l'adresse; par conséquent, loin d'en vouloir à la personne qui vous la fait, vous lui en êtes au contraire reconnaissants.

« De plus, vous aimerez le travail, quel qu'il soit; mais, comme actuellement celui-ci consiste pour vous dans l'étude, vous aimerez toutes les choses que vous devez étudier, même et surtout celles que vous n'aimiez pas autrefois. Donc, lorsque vous serez en classe, et que le professeur fera une leçon, vous porterez exclusivement votre attention sur ce qu'il dira, sans vous occuper des sottises que pourront faire ou dire vos camarades et surtout sans en faire ou en dire vous-mêmes.

« Dans ces conditions, comme vous êtes intelligents, car vous êtes intelligents, mes amis, vous comprendrez facilement, vous retiendrez de même : les choses que vous aurez apprises s'emmagasineront dans un casier de votre mémoire où elles resteront à votre disposition et d'où vous les tirerez au moment du besoin.

« De même, lorsque vous travaillerez seuls, à l'étude ou à la maison, que vous ferez un devoir ou que vous étudierez une leçon, là encore vous porterez uniquement, exclusivement votre attention sur le travail que vous faites, et vous aurez ainsi toujours de bonnes notes pour vos devoirs et vos leçons. » Tels sont les conseils qui, s'ils sont bien suivis, donneront des enfants pourvus des meilleures qualités physiques et morales.

E. COUÉ.

ISBN : 978-1515190677

www.ingramcontent.com/pod-product-compliance
Lightning Source LLC
Chambersburg PA
CBHW070433290526
45791CB00005B/1958